リシンキング・ヒューマンズ

―― 文化で読む人間科学 ――

大西秀之
［著］

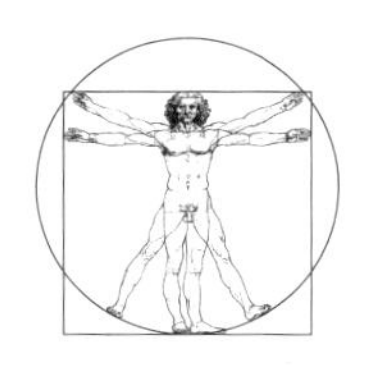

臨川書店

装幀　野田和浩

目　次

はじめに：本書のねらい

「人間とはなんだろうか？」、「人類社会はどこに向かうのだろうか？」、至極ありきたりで、いささか気恥ずかしささえ感じる問いではないでしょうか。とはいえ、何時どんな時代になっても、これらが問われなくなることはないとも思われます。

地球上に姿を現した時から、人類は、さまざまな脅威にさらされてきました。ただ他の生物と異なり、人類が直面してきた脅威は、災害や飢餓あるいは感染症などの自然環境に端を発するものにとどまらず、戦争や大量虐殺さらには大恐慌など自ら引き起こした惨禍が少なからず含まれています。いや、核開発や地球温暖化などを想起するならば、むしろ人類そのものが、自己の存続を左右しかねない、重大な危機を生み出す根本原因となってさえいます。

冒頭の問いが、われわれの心をつかんで離さないのは、他の誰でもなく自らがまいた種によって存続の危機が身近に感じられる、こうした今日的な状況とも決して無関係とはいえないでしょう。このような時代状況も考慮に入れ、本書では、人類学的研究に基づき人間や人類社会を考察し、そのあり方を改めて問い直してみたいと思います。

人類学は、まさに読んで字のごとく、さまざまな探究によって人間や人類社会の総合的な理解を目指してきました。ゆえに、本書の問いに回答を求めうる一分野として疑いはありません。他方で、人類学の研究は、自然科学から人文社会学に至る多分野にまたがっています。前者を担うのが「自然（生物学的）人類学」と呼ばれ、後者に関わるのが「文化（社会）人類学」とされます。

自然人類学は、人間を生物の一種として捉え、形質的特徴から生理機能さらには遺伝情報などを対象とした研究を行う分野です。これに対し、文化人類学は、特定の地域社会や民族集団などを対象とした現地調査を中心に、部分的に文献史料なども利用しつつ、人間の多様な文化や社会の理解を試みています。なおアメリカ合衆国などでは、これらに「考古学（先史人類学）」と「言語学（言語人類学）」を加えた四分野によって構成される、「総合人類学」が大学教育のプログラムとして位置づけられています。

人類学の研究が多岐にわたる理由は、人間や人類社会の理解のためには多角的な理解が不可欠だからです。どんなに身体の循環器系の機能を把握しても、どれほど染色体の遺伝情報を読み解いても、それだけで人間や人類社会がわかったなどと、はたしていえるでしょうか。人間や人類社会を探るには、自然科学的に明らかにできる側面のみならず、人文社会学的な側面の理解が不可欠となります。たとえば、長年人類を悩ませてきた紛争や差別、あるいは昨今のヘイトクライムやフェイクニュースなどといった社会課題を、自然科学の知見だけで解決できるでしょうか。

個人から国際社会のレベルに至るまで、社会課題の根底には、自然界の物理法則などには到底還元できない、極めて不合理な人間の感情や情念が大なり小なり介在しています。またそれらによって、社会問題そのものが引き起されています。だからこそ、人間や人類社会を理解するためには、文理の枠にとどまらない総合的な探究が求められるのです。

もっとも、自然科学のみでは解明しえない、不合理性を含めた人間や人類社会の理解は、哲学や社会学など人文社会学系のさまざまな分野で推進されています。このため、文化人類学の特徴とはなにかと問われたならば、次の二点に要約することができます。

まず一つは、調査者自身が現実社会のなかに直接身をおき、そこでの実体験を通して当該社会の理解を試みる、一般に「参与観察（participant observation）」という方法があげられます。またこうした参与観察による現地調査のことを、文化人類学や隣接分野では「民族誌調査（ethnographic research）」と呼んでいます。「民族誌（ethnography）」とは、民族をはじめとする特定の人間集団の文化、社会、生活などを記録や説明した文章や書物です。このため、文化人類学は、参与観察に基づく現地調査を、民族誌を描くために行っている、とも言い換えることができます。

もう一つは、人類の文化に対する多角的な理解です。文化人類学は、調査者にとって異文化と見なされる社会、集団、地域を調査研究する傾向があります。また学説史的には、西欧近代社会が「未開」や「非文明」と見なした異文化を積極的に対象としてきました。この結果、文化人類学は、人類文化の多様性を明らかにするとともに、調査者自身が無自覚的に「常識」とする西欧近代社会に根差すものの見方やあり方を絶対視しない、自文化の「相対化」に取り組み、さまざまな知見や成果を提示してきました。
以上のように、文化人類学は、「人間とはなにか？」という根源的な問いを追究してきた学問分野といえます。こうした問いは、哲学的な探究に感じられるかもしれません。ただ哲学そのものとは異なり、文化人類学は、実体験に基づく異文化理解を重視し、さらに自文化と異文化を対置させることによって、「あたり前」と思われてきた人間や人類社会に対する「常識」を相対化し再考してきました。

中国哲学やインド哲学、あるいは古代ギリシャ哲学や西欧近代哲学のように、哲学が特定の時代、文化、地域を冠して呼称されるのは、それぞれの哲学者たちが個人の経験から思索したため、自らが生まれ育ち暮らした文化に基づくものの見方やあり方を、当事者の自覚の有無にかかわらず前提としているからです。これに対し、文化人類学は、そもそも異文化の調査研究を通して、人類文化の多様性を明らかにするとともに、その結果として自文化の相対化を追究してきました。このため、文化人類学による人間や人類社会の理解は、西欧近代社会はいうまでもなく、特定の時代、文化、地域に囚われないものになっています。

こうした文化人類学の特徴は、哲学に限らず、人文社会学全般のなかで極めて特異なものとなっています。というのも、人文社会学のほとんどが、西欧近代社会によって生み出され「学問」として制度化されたため、当該社会のものの見方やあり方を前提としているからにほかならないからです。事実、「自由意思（free will）」や「国民国家（nation state）」など、個人の心理や選択から社会の制度や組織まで、人間や人類社会を対象とし探究する研究は、西欧近代における人間観や社会像から決して自由ではありません。

このような言明に対して、人文社会学のなかには、近代以前の過去や日本をはじめ世界各地の「非西欧近代」の時空間も対象としてきた研究もあるのでは、といった疑問や反論を抱かれるかもしれません。ですが、それらの研究に用いられる理論や方法などは、あくまでも西欧近代側において構築されたものであり、その成果はスタンダードとなる西欧近代との比較から導かれたケーススタディに過ぎないのです。

文化人類学も、一九世紀に欧米社会で体系化、制度化された研究分野です。その意味では、同分野の理論や方法なども、西欧近代が生み出したものにほかなりません。しかしながら、文化人類学は、「未開」や「非文明」とされた非西洋近代の異文化の理解を通して、西洋近代の人間観や社会像を「あたり前」や「自明の前提」とすることを疑ってきました。この点が、他の人文社会学の諸分野と決定的に異なります。

本書は、こうした文化人類学を中心とした人類学的研究によって、さまざまな研究分野に深く刻み込まれている、西欧近代の人間観や社会像を絶対視しない、人間や人類社会の理解を試み、そのあり方を改めて問い直したいと考えています。このため、読者にとっては、新たな知見をえるだけでなく、自らが「よく知っている」と思い信じている、人間や人類社会に対する「常識」や「あたり前」を疑い、再考する機会となるでしょう。またそうした機会にできれば、というのが本書の最大の目的です。

では、人類学の探究を通して、われわれがよく知っているはずの、人間や人類社会の再考に取り掛りましょう。

第一章　自然からの解放

人間の多様性

現生人類は、「ホモ・サピエンス（*Homo sapiens*）」という一生物種に分類されます。このため、われわれは誰しも、例外なく生物学的には同じ種なのです。ただ人間は、決定的に他の生物と違う特徴を有しています。それは、同じ生物種とは到底思えない多様性が、人間には認められることです。同じ自然環境の下にある場合、人間以外の生物は、個体差を除けば、種として基本的に同じ行動をとり、その結果として繁殖や生存などに大きな違いはできません。つまり、人間を例外として、通常、生物の生命、活動、繁殖は、自然環境に大きく左右されます。

しかし他の生物と違い、人間は、たとえ同じ自然環境が与えられたとしても、非常に多様な認知や行動を選択します。さらには、人間は社会や集団によって、人口増加や平均寿命などに大きな違いがでます。

こうした違いを生み出している要因は、いうまでもなく文化にほかなりません。実際、異なる文化の人びととは、言語が違うため、同じ人間であるにもかかわらず、コミュニケーションすら満足に行うことができません。くわえて、文化の違いは習慣や価値観にも及ぶため、個人から集団まで人間の多様性を生み出す要因となっています。

文化とはなにか

もっとも、こんなことは、あえて言われなくとも、誰もが知っている周知のことではないか、と思われるかもしれません。というのも、われわれは、通常、国や地域、あるいは社会や民族など、それぞれ所属する集団ごとに異なる、多様なライフスタイルや価値観で暮らしを営み、それを文化の違いと一般に読み替えているからです。

では、「文化とはなにか?」と問われたら、どのような回答をすべきでしょうか。文化は、誰もが知っている一般語彙です。ただこの問に対して、明瞭かつ簡潔に、しかも誰もが納得する答えを即座にできるか、ひとまず想像してみましょう。ほとんどの人びとは、日常でよく使い使われ、そのためよく知っているはずの、「文化」という単語や概念を、上手く言葉にして説明できないことを実感し、当惑するのではないでしょうか。

ただし、この当惑は、まったく言葉にできない、または一切説明できない、ということが理由ではないように思います。なぜなら、具体的な事例や抽象的な説明を、われわれは、色々と思い浮かべることができるからです。またそれら一つひとつが、必ずしも間違いというわけでもなく、むしろどれもがそれなりに文化を説明しているようにも思えます。とはいえ、十全に文化を説明できているか、というと確信がいまいち持てないのではないでしょうか。当惑の理由は、多かれ少なかれそんなところかと推察します。

実際に、辞書などで「文化」を引くと、本当に色々な意味や事例が羅列されています。たとえば、

「文明開化」の解説があったり、「哲学・芸術・科学・宗教」などが事例にあげられていたり、人間の活動の「物質的所産が文明」なのに対して「精神的所産が文化」と記されていたりします。しかも、辞書によって、あげられている事例や説明されている内容に、大きな違いがあったりします。

これらを目にすると、文化とはなんなのか、ますますわからなくなって当惑してしまいます。むしろ、辞書などの説明からわかることは、文化という言葉や概念が、非常に曖昧で多義的な意味を持っていることではないでしょうか。もっとも、文化に限らず、政治や経済あるいは社会など、日常語彙は、一般に曖昧で多義的になる傾向があります。とはいえ、文化に関しては、この傾向が強いように思われます。しかも、用語を厳密に定義する学術研究分野においても、文化に関しては、曖昧で多義的なまま使われている傾向がうかがわれます。

文化の定義

文化は、人文社会学系のほとんどの分野に関わり、数多く言及されています。ただそのなかでも文化は、学術用語として厳密に定義されることなく、日常語彙と変わらないまま使われてきました。文学や歴史学あるいは社会学など、文化を対象としてきた分野は、決して少なくはありませんが、必ずしもきちんと定義した上で研究が行われているわけではありません。

そんななかにあって、文化を厳密に定義し、その調査研究を行ってきたのが文化人類学です。さらに文化人類学による定義は、他の研究分野にも少なからず受け入れられてきました。このため、文化人類学は、自他ともに文化を定義してきた研究分野と見なされています。

文化の定義を行った最初の研究者として、イギリスのオックスフォード大学において人類学を冠する初代教授になった、エドワード・B・タイラーが一般的にあげられます。タイラーの定義は、次のような内容となっています。やや長くなりますが、重要なものであるため、全文を引用します（『原始文化』誠信書房、一九六二年）。

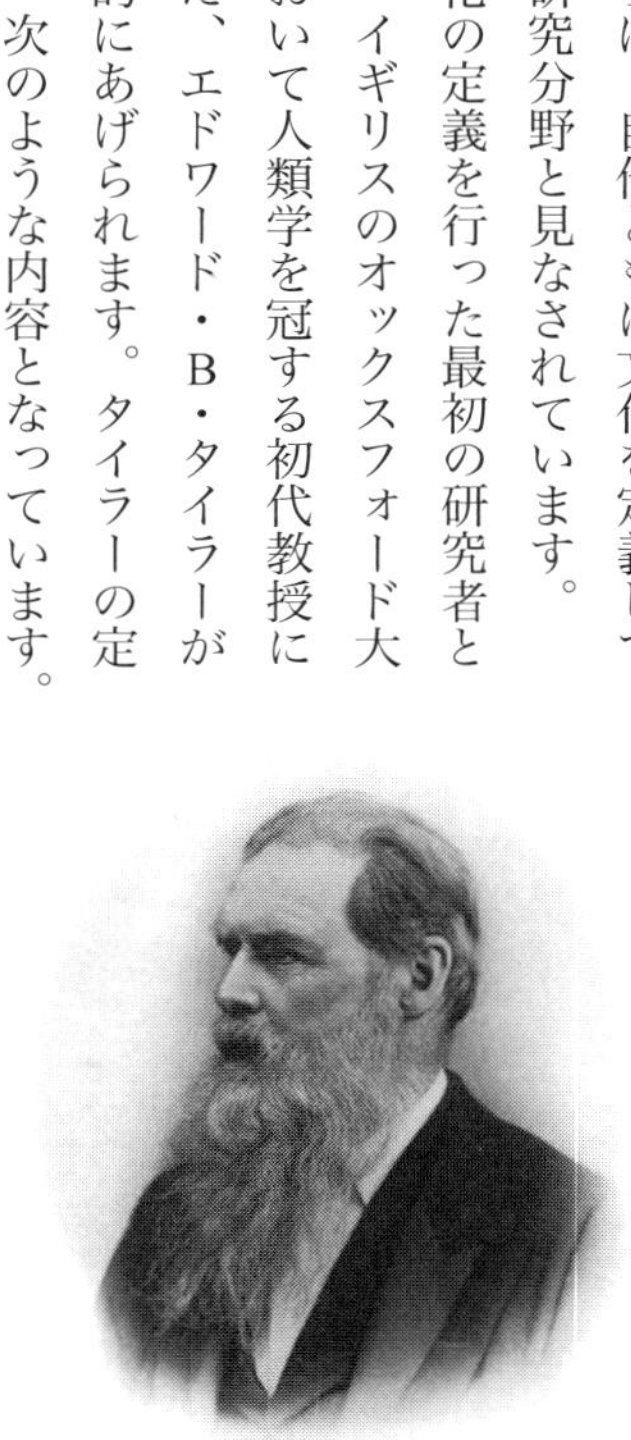

図１－１　タイラー
Edward Burnett Tylor Ⓒ Maull and Fox / CC-BY-SA-3.0
（出典）https://commons.wikimedia.org/wiki/File:Edward_Burnett_Tylor.jpg
〈最終閲覧日：2025年１月10日〉

> 文化あるいは文明とは、そのひろい民族誌学上の意味で理解されているところでは、社会の成員としての人間（man）によって獲得された知識、信条、芸術、法、道徳、慣習や、他のいろいろな能力や習性（habits）を含む複雑な総体である。

この一文を見て、「文化がよく理解できた」と思われた方は、率直に言って少ないのではないでしょうか。むしろ、「単に事例を羅列しただけではないか」、「この煩雑な定義にどんな意義があるのか」、などの疑問や批判を抱かれた方も多いのではないでしょうか。そうした疑問や批判が抱かれる理由は、タイラーの定義が、曖昧で多義的な文化を、整理したり限定したりしていないことにあると思われます。

タイラーの定義

しかし、タイラーによる文化の定義には、次のような重要性が指摘できます。まず一つは、**文化を特定の領域に限定せず、人間の行為全体にあてはめた**ことです。タイラーの定義を読むと、文化とは、特定の個別具体的なものではなく、人間が行っている「能力」や「習性」全体に関わっていることが述べられています。ちなみに、習性とは、「行動様式」と読み替えることができる言葉です。

タイラーの定義を受け入れるならば、文化を特定のなにか具体的な物事に限定しようとすることが、そもそもの「間違い」になります。またこの「間違い」を受け入れると、人間の行っていることや、その結果として創り出されたもののすべてが、おのずと文化そのものか、その所産となります。とするならば、われわれが文化に対して、曖昧で多義的だと感じていたのは、こうした全体的、包括的に人間に関わる性格を見過ごし、気づいていなかったことに求めることができます。

とはいえ、日常生活のなかで曖昧かつ多義的に使われていることを受け入れ、それらすべてを文化とする定義に一体全体どんな意味があるのか、と誰しも問いたくなるのではないでしょうか。この答えとして、**文化を生物学的遺伝としてではなく、人間が社会的に成長する過程で学習するものとして**

捉えた、というタイラーの定義のもう一つの重要性があげられます。

もっとも、これに対しては、タイラーが文化を定義した一文のどこに、そんなことが記されているのか、と驚かれるかもしれません。しかし、タイラーの定義には、文化とは「社会の成員としての人間（man）によって獲得された」もの、と明記されています。この一文の重要性を説明したのが、先に提示した内容となります。

人間の能力や行動様式には、他の生物と根本的に違う点があります。それは人間の能力や行動は、他の生物と異なり、先天的に備わった遺伝的な本能のみに規定や拘束されず、後天的に学習した結果が反映されることです。人間以外の生物のなかにも、食物獲得や危険回避などに関する能力や行動を、学習によって獲得するケースがありますが、それらは遺伝的能力と自然環境の相互作用の制限内におさまります。

しかし、本章の初めにも述べたように、人間は、同じ自然環境であったとしても、同じようなものの考え方をし、同じように振る舞うとは限りません。また本書を読んで理解できるのは、日本語を学習し習得しているからであり、生まれ持って備わった遺伝的能力のみのおかげではありません。もし仮に、生まれてから一度も日本語を学ぶ機会に恵まれなければ、本書を理解することなど絶対にできません。

学習としての文化

文化が違えば、人間の考えや振る舞いが変わる、そんなことは当たり前ではないか、と思われるかもしれません。しかし、われわれは、自らの思考や行動が、遺伝的要因だけではなく、生まれ落ちた後に学習する文化的要因によって形作られたことを、ついつい忘れがちです。しかも、人間が学習する内容には極めて多様性があり、もしそれが違っていたならば、まったく異なる存在に自分自身がなりえていた可能性がある、言われてみればあたり前に感じるとともに、なんだか不思議な気持ちにさせられるこの厳然たる事実を、どれほどの人が意識して日々を暮らしているでしょうか。

またこうした視点は、自然科学だけでは人間を理解しきれない、という非常に重要な事実を改めてわれわれに認識させてくれます。たとえば、どれほどＤＮＡを解析する科学技術が発展したとしても、その遺伝子によって生を受けた人間が、どんな言葉を話し、なにを考え、どう振る舞っていたのか、決して明らかにすることはできません。この指摘は、過去の遺跡から出土した人骨などはいうまでもなく、目の前にいる人物の髪の毛から抽出したＤＮＡに関しても、あてはまることです。なぜなら、どれほど精緻に遺伝子を解析したとしても、当該人物の言語、価値観、行動様式などは、ＤＮＡからは決して読み解くことができないからです。

このことを、わたし自身を例に説明してみましょう。本書を執筆しているわたしは、日本社会で生まれ育ち成長するなかで身に着けた――つまり学習した――日本語を母語としています。しかし、もし生まれてすぐ、日本社会や生みの親から引き離され、たとえば英語圏など別の言語の異文化社会に連れていかれ、そこで育ったとしたら、ＤＮＡは現在とまったく同じであるにもかかわらず、日本語を母語とすることは決してなかったでしょう。まして価値観や行動様式などは、今のわたしとはまったく違っていた可能性が極めて高いと思われます。日常会話やメディアなどでは、時折「日本人のＤＮＡに刻み込まれた礼儀正しさ」などといった表現を耳にすることがありますが、これは科学的にまったく根拠のない間違った表現です。遺伝子をどう分析しても、その人物が礼儀正しかったのか否か、判断することなどできません。

文化の意義

文化人類学による文化の定義は、タイラーのものに統一されているわけではなく、さまざまな研究者や学派が、目的や時代によって、いろいろな定義を主張し提示してきました。しかしタイラーの定義は、文化を生活様式一般として捉え、今日的な文化理解の基礎を築いた、という点で重要な役割を果たしたと学説史的に位置づけられ、基本的な部分では現在でも継承されています。

繰り返しにはなりますが、タイラーの定義の最も重要なポイントは、人間を理解するためには、文化が不可欠な要因となることを指摘したことです。遺伝的に備わった能力だけで、人間ができることは、実は非常に限定されます。具体的には、呼吸や血液循環などの生まれた時点で備わっている、生理的な生命維持のための身体機能などに限定されます。

フランスの社会学者・人類学者マルセル・モースが、「身体技法（*techniques du corps*）」（『社会学と人類学Ⅱ』弘文堂、一九七六年）という概念で指摘していることですが、われわれが日頃あたり前に行っている身体の使い方さえも、文化的に習得したものなのです。たとえば、「文字を書く」や「水中を泳ぐ」などは、練習や訓練によって身に着けた賜物にほかなりません。

こうした事例を出すと、筆記や水泳などは、文化といえるのか、という疑問を抱かれるかもしれません。しかし、母国語の文字の筆記ができたとしても、異文化の文字は、すぐには上手く書くことができません。また日本には、クロールなどの近代泳法が伝わるまでは、古式泳法という独自の泳ぎ方がありました。このように、筆記法も泳法も、特定の時空間のなかで育まれた文化なのです。

むろん、文化を習得しそれを実践するためには、遺伝的な基盤が不可欠なことはいうまでもありません。また病気や事故などで、あるいは生まれながらのハンディキャップなどで、身体機能の一部が損なわれ、文化を習得したとしてもできない、あるいは文化そのものを習得できない、というケースがあります。たとえば、視覚や聴覚などの機能の喪失、あるいは四肢の運動機能の喪失、といったケースを想像すれば、このことは容易に理解できると思います。

しかし、これまでに確認したように、文化を学習・習得しなければ、われわれが日々あたり前に行っていることは、遺伝的に備わった能力だけではどれもこれもできません。こうした遺伝と文化の関係をわかりやすくするため、コンピュータやスマートフォンを例にあげ説明してみたいと思います。

コンピュータやスマートフォンは、どれほどハードディスクやＣＰＵなどが高性能であったとしても、メインＯＳをはじめとするアプリケーションをインストールしなければ、基本的な操作さえできません。このように、ハードを遺伝、アプリを文化、と置き換えるならば、遺伝だけではまったく不十分で、いかに文化が重要か理解できるのではないでしょうか。文化は、われわれが思考し行動するために、不可欠な要素なのです。

文化の特徴

人間にとっての文化の意義、重要性を確認しましたが、次にその特徴を検討します。というのは、文化の特徴に関しては、定義以上に一般社会における理解が不十分であり、また多くの誤解があるためです。

まずタイラーの定義でも確認したことですが、文化は例外なく学習されるものである、という性格を有しています。具体的には、人間にとって文化は、生まれてから後天的に学習を通じて習得するものです。こう表現すると、あたり前のように

図1－2　遺伝と文化のイメージ

思われるかもしれませんが、文化を学習によって身に着けるものとは、通常あまり認識されていないのではないでしょうか。

しかし、母語も含め言語は、学び取ったものです。ただ母語以外の言語は、学校教育などで学びますが、母語は成長するなかで——通常、無自覚的に——習得されるため、学習したとは認識されにくい傾向にあります。もっとも、「国語」という授業があるため、母語であっても学習しなければならないことを、われわれ知っているはずです。言語以外にも、「礼儀を知らない」や「ライフスタイルを学ぶ」など、文化は学習するものであることを、実はわれわれは無意識的にでも認識しているのではないでしょうか。

次にあげるのは、文化は共有される、という性格です。特定の社会やコミュニティの構成員は、まったく均質ではないものの、ある程度類似する思考や行動のパターンを共有している傾向があります。このことは、文化を共有している、と言い換えることができます。むしろ、文化が共有されているからこそ、社会やコミュニティが維持できている、と見なすことができます。実際、言語を共有していなければ、基本的なコミュニケーションさえ満足に取れないことから、この指摘は容易に理解できるかと思います。

また近代社会に関しても、同じ文化を共有していることを前提に、諸制度が設計されています。一例として、法律には、「社会通念」や「公序良俗」に照らして運用されるケースが多々あります。これなどは、ある程度文化的に共通した価値観や道徳倫理を、当該社会の構成員が有していることを前提にしたものといえます。

最後に指摘するのは、文化は統合されている、という性格です。タイラーの定義でも、文化とは「複雑な総体」と表現されていますが、文化はさまざまな要素から構成されるものの、それらは決して独立したものではなく、相互に関連して一つの全体を形作っています。たとえば、日本の文化には、芸術や信仰、技術や制度、習慣や価値観などなど、実にさまざまな要素がありますが、どれか一つだけが日本文化ではなく、それら全体で日本文化が成り立っている、というのが一般の認識ではないでしょうか。

他方で、ある特定文化の一要素は、さまざまな要素から成り立ってもいます。日本文化の茶道は、陶器や竹細工、書道や建築、宗教や価値観など、無形から有形、あるいは物質面から精神面、といった多面的な要素によって成り立っています。こうした例からも、文化が多様な要素が統合された、総体として成り立っていることが理解できると思います。

文化に対する誤解

文化を考える際、実際の性格よりも確認すべきなのは、むしろ一般社会で共有されている誤解の方です。文化に対する典型的な誤解として、「文化は社会のなかで均質である」、「文化は明確な境界で区切られる」、「文化は永久不変である」という三つをあげることができます。もっとも、こう明記すると、そんな誤解を自分はしていない、と否定されるかもしれません。

しかし、われわれは、これらの誤解に基づく文化観を有し、往々にしてそれを口にさえしています。実際、アメリカや中国などの他国や他地域の異文化を評する時、個人の語りからメディアの解説まで、どこかで一枚岩的にひとまとめにしてはいないでしょうか。

こうした批判を目にすると、いくら同じ文化を共有する社会でも、個々人で違いがあるのは当然ではないか、と早合点されるかもしれません。ただここで指摘している誤解は、個人レベルの個性の違いではなく、文化は決して均質なものではないということです。

具体的にいえば、一口に日本文化といっても、北海道から沖縄までの多様な地域性があります。また過去から現在まで、時代によっても大きな変化を経てきました。さらには、同じ場所と時代であっても、性別や世代による文化の違いを、現在においても日常的に目にすることができます。このような地域性や時代変化、あるいは性別間や世代間のギャップを知っているにもかかわらず、ついつい「〇〇文化は」と均質的なものとして捉え、実態と乖離した誤解を少なからずしてしまってはいないでしょうか。

他方で、文化は明確な境界で区分できる、という誤解もわれわれは根強く抱いています。われわれが異文化を語る時、とかく自文化との違いを強調しがちです。しかし、たとえば日中韓の東アジア三カ国の文化には、無形から有形までさまざまな要素で共通点が認められます。さらには、グローバル化が進む現代社会では、西洋近代的な文化要素を世界中の各地域が受け入れています。このように、われわれは、異文化と対峙した際、どうしても違いにばかり目を奪われ、共通している部分を完全に見過ごしてしまいがちになる、これが二つ目の誤解の原因にほかなりません。

最後の文化は永久不変だ、という誤解も非常に根深く社会に浸透しているものではないでしょうか。実際、「日本文化の起源」や「古来より受け継がれてきた日本の文化」などといった語り口が、メディアなどでも頻繁に目にすることがあります。こうした語りの背景には、どこかで同じ文化を共有し継承している、という認識が前提となっています。

しかし、均質化の誤解でも確認しましたが、文化は常に変化しています。そもそも、どれほど歴史的に連続性があったとしても、縄文時代や弥生時代はいうまでもなく、ほんの一五〇年前の江戸時代でさえ、現代と比べれば、ライフスタイルや価値観などに、異文化と見なしうるほどの大きな違いがあります。むしろ、過去は異文化である、という認識をほとんど持っていないのではないでしょうか。だからこそ、文化は永久不変だ、という誤解がなかなか払しょくできないのです。

変化をもたらす要因

文化に対する誤解を検討した結果、身の回りの事例を少し考えれば、間違いだとわかるにもかかわらず、その事実から目をそらしていたことを確認できたのではないでしょうか。ただ誤解を改めると、まずなにより「人間は新しい文化を休まずに作り続けている」、それゆえ「文化の境界もその中身も刻々と変化している」、したがって「文化は固定的で絶対的なものではない」、という特徴に新たに気づくことになります。つまり、文化とは、常に変化し続けるものなのです。またこそ、文化は捉えどころがないのです。

ところで、恒常的に変化し続ける、という文化の特徴は、人間や人類社会にとって非常に重要な役割を果たしています。その役割とは、人間や人類社会に変化をもたらす要因になってきたことです。

人類以外の生物は、自然環境に影響を受けるなかで、遺伝子が変化し、別の生物への進化が促されることがあります。逆にいえば、同じ自然環境のなかで、遺伝子に変化がない限り、人間以外の生物種は、過去も現在も基本的に変わることなく、同じ生き方を続けることになります。しかし、人類は、遺伝的・生物学的に変化がないにもかかわらず、歴史的にさまざまな変化を経験してきました。むしろ、歴史変遷のなかで人間や人類社会が変容してきたのは、文化が変わり続けてきたためと見なすことができます。

生存のための基盤

また文化は、人間が生きるために必要不可欠な基盤でもあります。既に確認したように、人間は、文化を習得してはじめて、あたり前の思考や行動ができるようになります。ということは、人間は文化がなければ、個人の生存から社会の存続のレベルまでできない、ということになります。

これも繰り返し確認したことですが、人間以外の生物は、遺伝的に備わった能力と、その能力で生存できる自然環境があれば、生きてゆくことができます。しかし、われわれは、どれほど生きるために必要な資源に満ちあふれた自然環境に身を置いたとしても、それらを獲得し活用する知識や技術などの文化を習得していなければ、生命を維持することができません。

いっぽう、文化は、通常であれば生存が困難な自然環境を、克服する原動力になります。現生人類は、地球上のさまざまな自然環境に進出し生活を営んでいますが、それを可能にしているのが文化にほかなりません。文化は、本来であれば人間が生存できない、灼熱の砂漠や極寒のツンドラなど過酷な自然環境での居住を可能にしてきました。

さらに人類は、新石器時代以降、農耕や家畜飼育を開始し、その後も産業革命やエネルギー革命などによって、天然資源のキャパシティーを拡大することにより、人口を増加させてきました。現在地球上で暮らす、八〇億以上もの人口は、人類史における文化の一大変容である、技術革新によって達成されたものにほかなりません。

文化による規定

人類にとって文化は、常に変化をもたらし、可能性を高める要因となっていました。また自然環境と遺伝的能力があったとしても、文化がなければ人間は、他の生物が当然のように行っている、生存すら満足にできないことも確認しました。

そうした反面、文化は、人間にとってネガティブな影響を及ぼす要因にもなっています。最も顕著な事例として、宗教や民族の違いなどが、人間の対立や紛争を引き起こす切っ掛けになっていることがあげられます。文化の違いは、人類史のなかで争いの元凶となってきました。その他にも、文化は、人間の社会や集団の内外に差別や排除の元凶となる、意識や制度なども生み出してもきました。残念ながら、差別や排除を生み出す文化は、現在までの日本の歴史のなかでも確認できます。

さらに文化は、人間の行動選択に制限や規制を加える要因にもなります。たとえば、一般に婚姻は、圧倒的に文化を共有する社会やコミュニティ内で行われています。インターマリッジ（異文化間の婚姻）が避けられる理由は、多くの場合、言語や価値観の違いなどが障害になっている、と推察されます。あたり前のことのようですが、これこそ文化による制限や規制にほかなりません。

また恋愛や婚姻のみならず、居住や就業の選択などにも、文化による制限や規制が加わっている可能性があります。というのも、文化の違いを乗り超えて、婚姻、居住、就業などを実現するためには、言語をはじめ異文化の習得に多大な努力を払う必要があるからです。

人間は、文化を得たことによって、他の生物にはなしえない、自然環境や遺伝的能力の制約を克服することができました。しかし、その結果、皮肉なことに文化が人間を規定するようになったのです。文化は、人間という生物にとって可能性を拡張も抑制もする、非常に両義的な要因といえます。であるからこそ、人間や人類社会の理解には、文化が不可欠となるのです。

第二章　ヒトなる種

生物種としての人類

文化は、均質ではないものの、個々人のレベルを超え、社会やコミュニティといった集団のレベルで共有されているものでした。このため、文化が語られる際、同時になんらかの人間集団がセットになる傾向が一般にあります。こうしたことを踏まえ、本章では、人間の集団と文化の関係を考えたいと思います。

まずその前提として、現生人類という生物種としてのわれわれ人間を、今一度確認しておきたいと思います。現在地球上に暮らす人類は、すべてホモ・サピエンスという一生物種に属しています。顔形などの身体的特徴、あるいは身体能力に違いがあったとしても、それは一生物種の範疇におさまる個体レベルの差異に過ぎません。むしろ、人間は、種より下位の亜種レベルでも、同じ生物学上のカテゴリーに属しています。

さらに驚くべきことに、ヒトゲノム（人間の遺伝情報）を解析した結果、人間の遺伝子は九九・九％が同じ塩基配列であることがわかりました。つまり、人間の遺伝的多様性は、わずか〇・一％に過ぎないのです。このデータは、ヒトの近縁種であるチンパンジーやゴリラと比べても、遺伝的多様性が極めて小さいことをしめしています。

偽科学としての人種概念

遺伝的・生物学的には、人類は、非常に均質で多様性がほとんどない生物種であることが確認できました。またこの結果から、われわれ人間の多様性が、遺伝子などではなく、文化によって形作られていることを、逆説的にも認識できたかと思います。

ところで、人間を区分するカテゴリーとして、「人種」や「民族」が現在でも一般によく使われています。とくに人種は、皮膚や毛髪の色、骨格などの形質的――簡単にいえば外見の――特徴で区分された概念です。この概念は、動物学と人類学の創始者の一人ともされる、ドイツの比較解剖学者であり博物学でもあったヨハン・フリードリヒ・ブルーメンバッハによって提唱されました。ブルーメンバッハは、頭蓋骨の形態から五大人種を設定しましたが、その後「コーカソイド（白色人種）」、「ネグロイド（黒色人種）」、「モンゴロイド（黄色人種）」という三大区分がよく知られることとなり、一般に流布するようになりました。

しかし、人種という概念は、今日では科学的な妥当性は認められず、自然人類学においても否定されています。この理由は、取りも直さず人種の分類基準が非常に恣意的で、実際には明確な区分ができないからにほかなりません。

図2－1　ブルーメンバッハ
Johann Friedrich Blumenbach / public domain
（出典）https://commons.wikimedia.org/wiki/File:JF_Blumenbach.jpg〈最終閲覧日：2025年1月10日〉

文化が形作る人種

もっとも、このような人種の否定に対して、「明確な区分ができないというが、地域によって人間の姿形には相当な違いがあるのではないか」、または「人間の身体的特徴は、まさに自然科学の対象である遺伝子によって決定されているではないか」、といった疑問を抱かれるかもしれません。ただこれらの疑問が成り立たないことは、現実の事例から確認できます。

たとえば、よく人種の基準として言及される「肌の色」や「鼻の高さ」などは、人類全体を俯瞰すると連続体に過ぎず、モンゴロイドとされるアジア系の人のなかにも、コーカソイドとされるヨーロッパ系の人のような「白い肌」や「高い鼻」を持っている人はいます。またその逆のケースも、個人レベルでは少なからず見受けられます。

これに対して、平均値を無視しているのでは、という疑問や反批判を持たれるかもしれません。個体レベルの例外はあるとしても、平均を取ると、コーカソイドはモンゴロイドよりも相対的に「肌が白く」、「鼻が高い」のでは、という指摘です。またそれは、遺伝子が生み出している現象であり、ゆえに科学の対象になりえるのではないか、という疑問にもつながります。

しかし、こうした遺伝的傾向は、自然淘汰などではなく、文化によって生み出された現象であるため、自然科学の対象とはなりえないのです。自然現象としての法則性に基づかないものは、自然科学の対象には決してなりえません。

具体的には、どれほど明確で大きな違いに見えても、人種の基準とされる身体的特徴は、わずか一世代で簡単に変わります。というのも、異なる人種とされる男女は、子孫を残すことができるからです。つまり、その男女の子どもは、両親それぞれの遺伝子を半分ずつ受け継ぐため、彼ないし彼女の身体的特徴は、既存の人種の基準にあてはまらないものとなります。ロマンチックな表現をすると、人間は、人種の壁を越えて愛を育み、人種区分そのものを、たった一世代で消し去ることができるのです。

このように、人種は、決して固定的なものではなく、われわれの感情や気持ちひとつで、たちまち消し去ることができる極めて儚いものなのです。だからこそ、人種は、自然科学の対象などになりえないのです。

とはいえ、人種の区分は、簡単にはなくならないように感じられます。ですが、ここにもまた文化が根深く関与しています。第一章で指摘したように、インターマリッジは、文化が障害となってなかなか促進されません。とくに人種間のインターマリッジは、悪しき人種差別思想も相まってなかなか進まない、という現実があります。アメリカ合衆国は、建国から二四〇年以上経た現在でも、ヨーロッパからの移民とアフリカからの奴隷の子孫は、それぞれの「人種的特徴」が――実際には変化しているのですが――解消することなく、維持され続けているように見えます。これなどは、前章で確認した、文化の負の影響にほかなりません。そういった意味でも、人種は、差別思想との関連で公に使用することが、今日では一般には避けられています。

文化による民族区分

民族は、一般社会では人種と並列に語られたり、混同されたりする傾向がうかがえます。しかし、人種とは、根本的に異なる概念です。まず民族は、人種と違い、学術的に提唱された用語や概念ではなく、一般語彙です。このため、厳密な定義を受けていないため、多義的な概念となっています。

実際、民族という言葉を辞書などで引くと、いろいろな意味や説明が記載されています。ただそれらを要約すると、民族とは、なんらかの文化的特徴を基準として、他と区別される集団や共同体と説明できます。つまり、民族を区分するのは、文化なのです。一見クリアーな基準に思えますが、現実に民族を区分しようとすると、相当な差異やズレに直面します。

なによりも、民族を区分する文化的特徴とは、具体的になんなのか規定できない、という問題があげられます。民族を区分する文化的特徴とされるものには、土地、血縁関係、言語、宗教、伝統、習慣、社会組織などなど、さまざまな基準があげられ、しかも民族ごとに異なることが常態となっています。

たとえば、漢民族は、一般に「華僑」として知られるように、世界中に居住していて、必ずしも中国大陸という土地を基準にすることはできません。またユダヤ人とされる民族集団は、ユダヤ教の信者という基準が強い条件となっているだけで、言語や居住地などでは規定できません。宗教が民族区分の第一義的な基準で、言語や居住地などに規定されない、という条件は宗教を民族区分に用いない側からすると、容易には想像しづらいものでしょう。

いっぽう、民族は、歴史的に形成されたものであり、また歴史的に変化もしてきました。たとえば、前述したユダヤ人は、ユダヤ教が成立する以前にはそもそも存在しえません。また漢民族は、長い中国王朝の歴史のなかで、周辺の異民族などを取り込み、その実態が大きく変化してきました。「歴史にｉｆはない」といわれますが、もし始皇帝による統一がなければ、漢民族は存在せず、別々の民族となっていった可能性が大いにあります。また逆に、ローマ帝国が分裂しなければ、地中海周辺のヨーロッパから北アフリカに暮らす人びとは、ひとつの民族として統合されていたかもしれません。

以上のように、民族は、分類基準が非常に曖昧で多義的であるため、普遍的・客観的な区分が困難なものです。ただ本書の第一章で、文化を検討された読者ならば、これは当然の結論と理解できるのではないでしょうか。というのも、そもそも文化が曖昧で多義的なものなのだから、それを分類基準としている民族も、必然的に同じ特徴を持つことになるからです。

エスニシティの提唱

人種と民族という二大概念を検討した結果、どちらも決して明確で客観的に人類を区分するものではないことを確認しました。またその理由として、文化が根深く関与していることが明らかになりました。このため、第三者が人種や民族を規定しようとすることが、そもそもの問題ではないか、という意識が高まり、共有されるようになっています。

そうした問題意識を受け、「エスニシティ」という概念が提唱され、使われるようになってきました。エスニシティは、人種や民族に比して、一般社会で新たに使用されるようになった概念であるため、ある部分で既存の人種や民族も包括した多様な定義づけが行われています。しかし、人種や民族と根本的に異なる基準を一つ含んでいます。それは、当事者のアイデンティティ（帰属意識）を、最も主要な基準としていることです。

アイデンティティを主要な基準とする理由は、人種や民族で確認したように、ひとえに普遍的・客観的基準を設けようとしても、一致しない場合が多いことから、むしろ当事者本人が「この集団に帰属している」との主観が、最も信用できる客観基準になりえるためです。このような説明を目にすると、当事者の主観という不確かなものが、なぜ「最も客観的な基準」になりえるのか、という疑問を少なからず抱かれるかと思います。

しかし、もし所属集団を分類しようとする時、第三者が設定した基準が使えないならば、信頼できる事実は、当事者の意識しかなくなります。これと類似した事例として、ジェンダーをあげることができます。生物学的・科学的な基準を用いたとしても、性的マイノリティであるＬＧＢＴＱの人びとの性認識を、第三者が規定することはできず、また人権保護の観点からも規定すべきではない、というのが今日の常識です。

遺伝的・生物学的に身体の雌雄が規定できる性別でさえ、当事者の意思決定にゆだねるべき時代に、自らの所属集団を、本人の意向を無視して、第三者が決めることが許されるでしょうか。とりわけ、グローバル化が進む現代社会では、インターマリッジも増加し、既存のカテゴリーには区分できない人びとが多くなる傾向にあります。そうした人びとに、あいまいで不確かな民族や人種という分類基準を押し付けることに、どんな意味があるのでしょうか。

くわえて、ヘイトクライム（憎悪犯罪）に代表される、民族や文化を異にする他者への排除が、現在国内外で問題となっています。こうした時代だからこそ、当事者の帰属意識の重要性と、極めて恣意的で不明確な分類基準に基づく、人種や民族の非実体性を再認識する意義は、今後ますます高くなると予想されます。

社会進化論という思想

人種や民族は、文化が根深く関与し形作られている概念であり、また差別や排除などの社会問題にもつながる危険性をはらんでいました。もっとも、第一章でも、文化の違いが紛争や差別などといった負の影響を、人間や人類社会に及ぼすことを確認しました。そういった意味で、文化による人間の区分である人種や民族が、社会問題の要因になることは必然と見なすべきかもしれません。

ところで、人種や民族にかかわる社会問題の一つに、「社会進化論（Social Darwinism）」という文化人類学も関与した社会思想をあげることができます。社会進化論は、英語での直訳では「社会ダーウィン主義」とも表記されるように、チャールズ・R・ダーウィンが提唱した生物学の進化論に――たぶんに曲解を含んだ――発想をえて、当初は社会理論として構築されました。その概要は、自然界で単純な単細胞生物から複雑な脊椎動物などに進化を遂げたように、すべての社会も理想的な状態へと進歩する途上にある、という考え方です。

社会進化論では、単純な未開社会から複雑な文明社会への「進歩」とされる変化が、想定されています。このため、複雑で多様性が担保されている社会を人類社会の到達点とし、目指すべき理想に位置づけていました。またこのような社会観に立つ「理想像」として、西欧近代社会が実現している、「自由主義国家」が措定される傾向にありました。

こうした社会進化論では、西欧近代以外の社会は、すべからく「進歩」が「遅れた段階」と見なされました。つまり、西欧近代社会のレベルに至らない、未発展の社会と判断されたのです。またこの結果、過去から現在までの人類史において、地球上で盛衰したすべての社会は、西欧近代社会を頂点に序列化されました。簡潔に述べるならば、西欧近代社会との共通性が多ければ「発展レベルが高い、進んだ文明社会」となり、少なければ「発展レベルが低い、遅れた未開社会」と位置づけられたのです。

未開と文明

社会進化論は、西欧近代社会との共通性を判断基準として、人類社会を未開から文明に序列化するものでした。したがって、西欧近代社会との類似性が、多ければ「進んだ文明社会」であり、少なければ「遅れた未開社会」とされました。

ところで、社会進化論では、具体的になにをもって西欧近代社会の類似性がはかられ、進んでいるだの、遅れているだの、という判断が下されたのでしょうか。それを知るためには、結果として判別される未開や文明が、どんなものか検討し明らかにしてみたいと思います。

まず未開とは、辞書などでは「文明が十分に発達していない段階」と説明されています。また具体的な条件としては、「文字をもたず、技術水準が低く、社会構造も単純で、伝統的規制が強い」などの特徴が述べられています。これに対し、文明は、「人知が進んで世の中が開け、精神的、物質的に生活が豊かになった状態」という説明が辞書などに記載されています。また英語など西欧言語での「文明」の語源は、「都市」や「国家」を意味するラテン語の「キウィタス（civitas）」に由来しています。

双方の語意を見比べると、文明に至っていない社会段階が未開である、というトートロジカル（循環論法的）な説明となっていることがわかるかと思います。では、未開と文明を分けている具体的な条件はなにか、といえば「文字の有無」、「技術水準の高低」、「社会構造の複雑度」、「都市や国家の形成」などがあげられています。文明の説明には、「精神的な豊かさ」も記載されてはいましたが、どうも物質的・技術的側面が未開と文明を分ける主要な基準となっているようです。

ところで、第一章で検討した、タイラーの文化の定義では、文明を文化と同一視できるかのように併記されていました。しかし、タイラーは、決してすべての文化を文明に同一視していたわけではなく、文明とは最も進歩・発展した文化の段階と位置づけていたようです。事実、タイラーは、著名な文化の定義の後に、人類社会の多様性を、進歩や発展の段階差によるものと記載しています。ここから、タイラーの文化の定義もまた、社会進化論の枠組みのなかで構想されたことが指摘できます。

自民族中心主義の呪縛

もっとも、人類社会の多様性を文化の違いに求めるタイラーの視点は、一九世紀末までの西欧近代社会では必ずしも一般的ではありませんでした。西欧近代社会を頂点として、人類史上の社会を序列化する社会進化論は、そうした差異の理由を「人種」の違いに求めていました。

すなわち、「優秀な人種」だから発展レベルが高い進んだ文明社会を実現でき、そうでない「劣った人種」だから総じてレベルが低い遅れた未開社会しか営めない、という評価です。したがって、最も発展した西欧近代社会を実現できた人びとは、必然的に人類のなかで「最も優れた人種」ということになります。

社会進化論は、西欧近代社会のなかで生み出されました。このため、西欧近代社会の人びとにとって、自分たちが「優れた人種」であるがゆえに、最も進んだ文明社会を実現できた、という考え方は非常に都合の良いものでした。実際、社会進化論は、西欧近代社会による植民地主義を正当化することにも援用されました。具体的には、最も進歩した西欧社会が植民地支配をすることによって、世界中の遅れた人びとの社会を発展させる、という極めて傲慢で身勝手な考え方です。こうした考えは、自分たちと違う社会を営む人びとを見下した、非常に差別的な思考であることはいうまでもありません。

とはいえ、こうした思考は、西欧近代社会の人びとのみに特有のものとは必ずしもいえません。というのは、人間は誰しも、自分たちと違う他者を、相容れない異質な存在として排除したり、自らよりも劣った存在と見なしてしまう心性を、わずかでも抱えているからです。残念ながら、これが否定できないのは、異文化や他民族とされる人びとに対する排除や差別が、二一世紀の今日においても絶えることなく続いている現実が雄弁に物語っています。

人間であれば、どこかに抱えている、自らと異なる他者を排除し差別する負の感情を、「自民族中心主義（ethnocentrism）」と呼びます。自民族中心主義は、通常、異文化や他民族の人びとに対する排除や差別の感情となり、最悪の場合には現実の行動を引き起こします。民族が文化によって区分される集団であることを考慮するならば、自民族中心主義とは、自らの「価値観」や「あたり前」とは違う、異文化の人びとを排除する志向と見なすことも可能です。ともあれ、社会進化論とは、西欧近代社会の人びとの自民族中心主義が生み出した思想にほかなりません。

文化相対主義の提唱

文化によって人間が区分され、またその結果として、人類社会に排除や差別などが引き起こされてきた背景を確認しました。またそうした理由の一つに、われわれが誰しも心の片隅に抱えている、自民族中心主義があることを指摘しました。

ところで、社会進化論は、西欧近代社会の自民族中心主義に根差していたため、人種差別思想と結びつきました。決して人種差別を目的にしていたわけではありませんが、人類学も、一九世紀末まで社会進化論の一翼を担う研究に少なからず携わっていました。

しかし、その一方で、人類学は、人種差別などの元となる自民族中心主義に対抗し、乗り越える視点や思想を、民族誌的な調査研究を通して提唱してきました。その代表的事例として、アメリカの文化人類学者であるフランツ・ボアズによって提唱された「文化相対主義（cultural relativism）」（Boaz, F. Museums of Ethnology and their classification. *Science*, 9, 1887）があげられます。

文化相対主義とは、「それぞれの文化は、そのなかで価値を認められるべきであり、絶対的な価値基準などはありえず、それゆえ文化に優劣などを付けず、互いに尊重すべき立場」、という異文化に対する考え方です。簡単に述べるならば、自他の文化に基づく違いを、互いに認め合い尊重する思想と要約することができます。

文化相対主義は、日常の具体例を考えると、さほど難しいものではなくなります。たとえば、東洋の水墨画の美しさを、西洋の油絵で評価できるでしょうか。または、日本料理の味を、フランス料理の基準で評価するべきでしょうか。美しいか否か、良いか悪いか、上手いか下手か、などの評価は、それぞれの文化で異なっていて、

図２−２　ボアズ
Franz Boas / public domain
（出典）https://commons.wikimedia.org / wiki / File : FranzBoas. jpg 〈最終閲覧日：2025年１月10日〉

それを超えて評価や価値づけることなどすべきではなく、また究極的にはできないでしょう。

自分と他者の違いを互いに認める、という一般社会でもよく知られた常識ないし良識を、文化にあてはめた思想といえます。とはいえ、西欧近代社会の自民族中心主義に基づく、社会進化論に対する批判理論として、非常に有効な意味を持ちました。

実際、提唱者であるボアズは、北極圏でのイヌイト（Inuit）の民族誌調査の体験から、世界中の諸社会は等しく価値があり、西欧近代社会の価値観を頂点として、一方的に階層化する社会進化論の独善性を鋭く批判しました。この結果、社会進化論的な思想や価値観は否定され、現在では公に表明することもタブー視されるまでなりました。さらに文化相対主義は、「多文化主義（multiculturalism）」などの理論的主柱ともなっており、現代社会にも多大な影響を及ぼしています。

文化相対主義の功罪

文化相対主義は、自民族中心主義に基づく社会進化論を批判し、異文化や他民族の尊重という重要な思想転換を果たしました。ただし、文化相対主義にはなんの欠点もなく、それが実現さえできれば、異文化や他民族との紛争や差別などが解消されるか、といえば問題はそれほど単純ではありません。

文化相対主義には、異文化や他民族に対する相互の尊重が、一歩間違えると無干渉になってしまう、という最大かつ根本的な課題があげられます。この課題は、文化に根ざした実践ならば、たとえば女性の基本的人権の侵害や少数派宗教に対する弾圧などの、どんな理不尽な「悪習」でも尊重すべきなのか、という疑問を思い描けば容易に理解できるかと思います。

　これに対して、異なる文化の営みを、一方的に「悪習」と判断することこそが、文化相対主義が指摘した問題点ではないのか、との疑問を抱かれるかもしれません。しかし、文化ならば、なんでもかんでも認め、口出しができないとなると、アパルトヘイト（人種隔離政策）や移民排斥になども目を瞑らなければならなくなってしまいます。困ったことに、ヘイトスピーチを行っている人種差別主義者や移民排斥運動家などが、「われわれは文化相対主義を主張しているだけだ」、「他者にも口を出さないから、自分たちにも口出しするな」、という身勝手な主張をすることがあります。

　いうまでもなく、文化相対主義の目的は、異文化や他民族との相互理解にほかなりません。にもかかわらず、異文化間の相互の不干渉になってしまっては、まったくの本末転倒といえます。ただこうした課題を目にすると、文化相対主義の実現は難しいようにも思えます。

　とはいえ、文化相対主義の実現は、決して不可能ではありません。文化相対主義の実現が不可能に思えるのは、文化の誤解から脱却できていないからにほかなりません。第一章でも確認したように、われわれは、文化は均質で、明瞭な境界線で区切られ、永久不変である、と誤解しがちです。これらの誤解に囚われている限り、文化相対主義の実現は、確かに困難なように思えます。つまり、互いにまったく異質で、変わりようがない、均等な文化を社会全体で共有していたならば、対立のみが延々と続くだけだからです。

　しかし、文化の誤解に気づけたならば、互いに尊重しつつも、共通点を見出し、変わっていける可能性を見出すことができます。具体例でいえば、「女性の自由な服装を認めないのも、自分たちの文化だ」という主張があったとしても、それに必ずしも合意しない人物が相手側にいる可能性は大いにあります。また最初は対立していたとしても、折り合える共通点を見出し、その上で互いに変わっていける可能性を、完全に否定することはできません。

そういった意味で、文化相対主義の実現の否定は、文化の誤解に囚われ、異文化間の「相互理解」という視点が欠落したため、と結論づけることができます。文化相対主義に限らず、異文化理解とは、一方的に相手を知るだけではなく、自分を相手に知ってもらい、その上で互いに理解を深めて行くことを目的にすべきなのです。

自己家畜化を超えて

文化による人類の区分は、同じ生物種であり、しかも遺伝的多様性が極めて低い人類に、顔形や身体形質の違いまでも生み出していました。第一章でも説明したように、文化は婚姻選択の規制や制限となり、異文化の人びとが持つ遺伝子が混入する可能性を低くし、その結果一般に流布する「〇〇人に特有の顔形」などといった特徴が維持されることになっていました。皮肉な表現をすると、人類は、イヌ・ネコなどのペットの血統や、ウシ・ウマなどの家畜の品種のように、「人種」とされる身体的特徴を自らが懸命に維持してきたといえます。

さらには、文化が遺伝子に及ぼす影響は、別の側面でも確認することができます。たとえば、食文化なども、遺伝子の淘汰要因になることが知られています。この著名な事例に、「乳糖不耐症（lactose intolerance）」の遺伝子があります。乳糖不耐症とは、乳製品に含まれる乳糖を上手く消化吸収ができず、下痢などを起こしてしまう症状のことです。こうした乳糖不耐症を引き起こす遺伝子は、乳製品を常食とする地域や社会の人びとには少ないことがわかっています。その理由として、乳糖を消化できない遺伝子が、そうした地域や社会では生存に不利になり、淘汰されてしまうためです。

人間は、文化を持つことによって、自然環境の淘汰を脱することに成功しました。しかし、その代償として、文化がなければ生きて行けないようになり、むしろ文化が淘汰圧にさえなるに至りました。その姿は、さながら人間の飼育がなければ生きて行けない、檻や柵のなかの家畜のようでもあります。文化に合わせ、自らの遺伝子までも変化させてきた人間の姿を指して、「自己家畜化（self-domestication）」と表現されることがあります。まさに文化の人間に対する影響の強さがうかがわれる、過激でありながらも的確な表現ではないでしょうか。

とはいえ、「人種」の維持の背後に、人種差別的な意識が拭いきれず関与していたように、文化に囚われているのは、われわれの心にほかなりません。むしろ、文化相対主義の実現でも確認したように、われわれが自ら意識的に回避することによって、文化の制約を乗り越えることもできるのです。そのためにも、文化が人間に及ぼす影響を知る必要があります。またそれこそが、文化人類学ひいては人類学を知り学ぶ意義にほかなりません。

第三章　生存環境の創造

生存圏の拡大

人類は、「アネクメーネ（非居住地域）」とも呼ばれる極圏、砂漠、高山などの極限環境を除き、地球上の多種多様な自然環境で生活を営んでいます。しかし、現生人類であるホモ・サピエンスは、二〇〜三〇万年前にアフリカ大陸で誕生したとされています。またアフリカ大陸の外部世界に進出したのは、約六万年前と推察されています。したがって、人類は、「出アフリカ」を果たした後、六万年ほどで地球上の生存圏を拡大したのです。

故地であるアフリカ大陸を離れ、人類が生存圏を拡大しえたのは、さまざまな自然環境に適応し、生存するための知識や技術などの文化を生み出し、身に着けたからにほかなりません。人類は、遺伝的能力だけでは生存することが困難な極寒の大地や絶海の孤島などにも適応し、

図３−１　人類の居住地域と非居住地域

（出典）https://unipub.uni-graz.at/obvugrhs/content/titleinfo/2679397/full.pdf　を元に作図（一部改変）〈最終閲覧日：2025年１月10日〉

生活を営むための文化を獲得することで、過酷な自然環境にも進出を果たしました。

もっとも、文化は、人類が自然環境に適応するだけでなく、自然環境を人類が生存できるようにも変化させました。出アフリカ後の人類史は、「アネクメーネ（非居住地域）」を「エクメーネ（居住地域）」に開発してきた、現生人類による地球環境の改変史である、といっても過言ではありません。

人類による地球環境の改変

地球環境の改変などというと、気候変動などに代表される地球環境問題などをイメージさせることから、人類史のなかでも比較的最近の出来事のように思われるかもしれません。しかし、太古の昔から人類は、自然環境に対して働きかけ、自らが暮らすために都合の良くなるよう改変をしてきました。またその歴史は、現生人類であるホモ・サピエンスのみならず、四〇～五〇万年前に存在していた古人類「ホモ・エレクトス（*Homo erectus*）」の時代にさかのぼる可能性も指摘されています。

というのは、人類は、ホモ・サピエンス以前の時代から、火を使用していた可能性があるためです。火の使用は、自然環境に少なからず影響を及ぼします。たとえば、火は森林や草原を焼き、そこに暮らしていた動植物の生態系を破壊します。さらには、その後、草原や森林が復元する過程で、新たな生態系を生み出します。人類による火の使用は、最初は偶発的であり、また自然環境への影響も、失火など意図しないものであった可能性が高いようです。

しかし、現生人類の段階になると、意図的な火入れによって、自然環境を改変するようになりました。日本列島でも、旧石器時代にあたる二万年以上前に、長期的に繰り返し火入れが行われていた可能性が、静岡県東部に位置する愛鷹山麓の堆積層のなかに、炭化物の層位があることから推察されています。火入れの理由そのものは、まだ完全には解明されていませんが、人類の環境改変が地層にまで刻み込まれていることは注目すべき事実です。

新石器革命と自然環境

人類による自然環境の改変は、約一万年前にはじまる新石器時代になって、質量ともに大きく転換します。新石器時代は、最終氷期が終わりを迎え、温暖化にむかう「完新世（Holocene）」になり、激変する自然環境に適応するため、現生人類がさまざまな文化を新た生み出した、人類史上の一大画期にあたります。

新石器時代には、現代のライフスタイルに続く、いくつもの技術革新が起きました。それらの技術革新は、大まかには食糧生産と居住形態に関するもので、現生人類の出現期から継続してきた旧石器時代の生活形態を根本的に変えました。

まず食糧生産では、栽培食物の耕作と家畜の飼育がはじまりました。旧石器時代までの人類は、自然環境のなかにある食物資源を狩猟、採集、漁撈などによって獲得するだけでしたが、新石器時代になって人間は自ら食糧を作り出すようになりました。他方で、居住形態に関しても、人類は旧石器時代まで遊動生活を行っていましたが、同じ場所に定住するようになりました。定住が可能になったのは、農耕や牧畜によって人間が自ら食糧を生産することにより、天然の食糧資源を求めて場所から場所に移り住む、不安定な生活を脱却できるようになったことと無関係ではありません。

さらに食糧生産と定住は、人類社会にさまざまな変革をもたらしました。たとえば、農耕や牧畜によって、食糧が増産できるようになり人口が急増し、定住とも相まって、一箇所に多くの人間が集住する、大集落が営まれるようになりました。また食糧生産と定住によって安定がもたらされ、時間的・生産的余裕ができた結果、さまざまな技術革新が起こるとともに、食糧生産に直接従事せず特定の労働のみに専従する職能者が登場するようになり、社会内部での分業化が進みました。なお大集落では、数多くの職能分化された住人が暮らすための組織や制度が整備され、社会構造が複雑化し、都市や国家の誕生につながりました。こうした人類の生活形態の一大転換は、「新石器革命（Neolithic Revolution）」と呼ばれています。

ところで、新石器革命によって、人類が自然環境に及ぼすインパクトが格段に大きくなりました。農耕や牧畜は、耕作地や牧草地を拡大するなかで、森林を切り開き、あるいは湿地を埋め立てるなど、自然環境を劇的に作り変えていきました。他方、数多くの人口を抱える都市や国家の出現は、巨大な人工空間として出現するだけでなく、日々の生活を維持するために、膨大な天然資源の消費を促しました。その結果、森林伐採や水源枯渇などが起こり、周辺の自然環境の破壊にもつながりました。新石器革命は、その後の人類史に自然環境の改変、破壊をもたらしたのです。

地球環境問題の根源

新石器革命にはじまる自然環境の改変は、自らの生活の持続を困難にもする、環境破壊を生み出すまでになりました。こうした傾向は、時代を経るごとに規模が拡大し、現在は急激な気候変動や生物多様性の喪失などの地球環境問題に直面するまでになりました。その理由は、いうまでもなく技術革新によるものです。

ルネサンスや産業革命など、人類史の転換は、技術革新によってもたらされてきました。技術革新は、それ自体が文化変容であるとともに、人類の生活形態や社会構造の転換などの、さまざまな文化変容を促してきました。と同時に、そうした人類の文化変容は、自然環境の改変と破壊を伴ってきました。

ところで、人類が現在直面する深刻な環境問題は、一八世紀後半に西欧社会ではじまった、産業革命に原因の多くが求められています。なかでも、機械と動力に関する技術革新は、人類の生活形態や社会構造の大転換を促し、地球の自然環境を劇的に変えました。

産業革命における、飛躍的な機械と動力の技術革新によって、人力や畜力、あるいは水力や風力などがなくても、諸種の生産活動ができるようになりました。また自動織機や蒸気機関などの発明は、労働や移動のあり方を抜本的に変えました。現代社会のライフスタイルは、西欧近代社会に端を発する産業革命によって成立したといえます。とともに、現在われわれが直面する地球環境問題も、西欧近代の産業革命とともに顕在化しました。事実、地球温暖化の主要因とされる、大気中の二酸化炭素の濃度は、産業革命以降三〜五割も増えたことが、観測結果から指摘されています。

人新世の到来

地球上に生息する哺乳類の「バイオマス（生物資源量）」は、現在、人類が三六％、家畜が五六％であるのに対して、野生生物の比率はわずか五％に過ぎない、と試算されています。さらには、大量消費や都市生活などで人類が生み出している人工物の質量が、地球上の全生物から構成されるバイオマスを上回った、というデータが近年発表されました。人類の活動は、今や人間が直接関与しない自然環境を凌駕し、地球全体を覆いつくす勢いをえています。

このような状況を受け、人類が自然環境に及ぼす影響は、地質的にも生態系的にも無視できなくなったとして、「人新世（Anthropocene）」という時代区分が提唱されました。人新世は、当初、「完新世（Holocene）」の次に位置づける地質時代として提案され、核兵器の実験を起源とする放射性

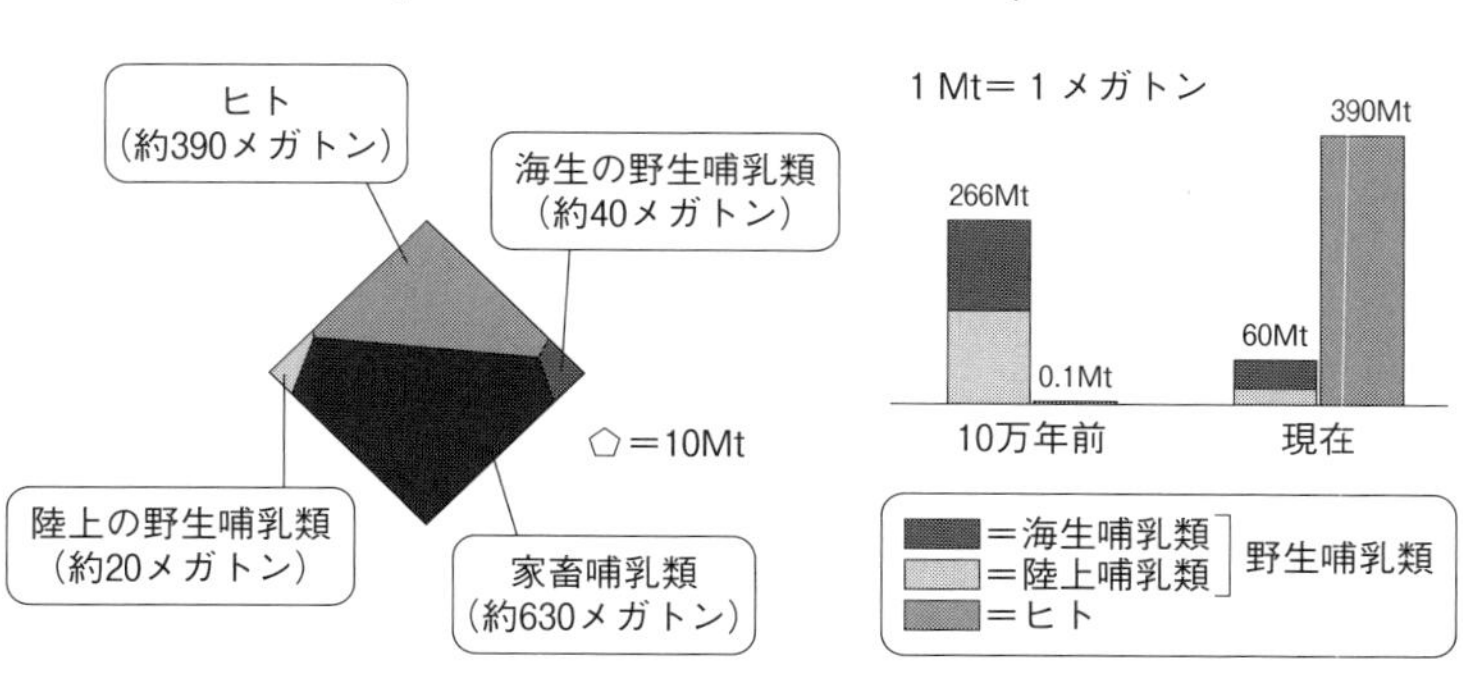

図3－2　地球上のバイオマスの比率

（出典）山田俊弘「全人類の合計体重は10万年前の3900倍…「フェルミ推定」で分かった「衝撃の結論」」https://gendai.media/articles/-/113324?page=3　を元に作図（一部改変）〈最終閲覧日：2025年1月10日〉

物質の濃度の増加が地層に確認されるようになる、第二次世界大戦後の二〇世紀半ばが想定されていました。

しかし、人新世を検討する議論のなかで、地層に確認される人類の自然環境に及ぼした影響の痕跡は、放射性物質に限らない、という異論が提示されるようになり、産業革命はいうまでもなく、新石器革命にまでさかのぼるべき、といった意見までしめされました。もっとも、新石器革命を人新世にしてしまうと、完新世の開始とほぼ同時期になってしまいます。

人新世を新たな地質時代とする提案は、結局、二〇二四年の国際地質科学連合において正式に否決されました。とはいえ、人新世は、人類の自然環境に与える影響の甚大さを認識させるものとして、その意義は決して小さくはありませんでした。事実、人新世は、自然科学から人文社会学の幅広い分野で重要なキーワードとなり、さまざま議論を引き起しています。

環境の多様性

人新世で見たように、人類の活動は、自然環境に影響を及ぼし、その影響力は加速度的に大きくなっていました。もっとも、第二章でも確認したように、われわれ現生人類は、遺伝的に極めて多様性に乏しい生物であり、二〇〜三〇万年前にアフリカ大陸に出現してから基本的に進化をしていません。したがって、人類の自然環境に対する影響力の増加は、技術革新をはじめとする文化に起因するものにほかなりません。

以上を踏まえた上で、文化と自然環境の関係性を、改めて多角的視点から考察したいと思います。これまでの議論を踏まえるならば、まずもって文化と自然環境という二分法が、そもそも適切なのか、という疑問を提示することができます。むしろ、文化と自然が相互に影響を及ぼし合い、混在一体となって「環境」を形作っている、と見なすべきではないでしょうか。

というのも、環境は、決して自然環境だけを指し示す言葉ではないからです。人工環境や社会環境、さらには家庭環境や労働環境など、われわれは、日常さまざまな意味や実態を反映した環境という言葉を使っています。このため、本章では、慎重に言葉を選び「自然環境」と限定して用い、それに対する人間の影響を議論してきました。

不可分な自然と文化

ところで、自然環境を除く、前述の環境は、物理的・物質的側面から人間の行動や関係性まで、さまざまな要因によって構築、形成されたものですが、どれも文化が関与している点で共通しています。とすると、人間が直接的に関与していない自然環境が、むしろ例外的な事例と見なすことも可能となります。

もっとも、地球の自然環境は、人類の存在や関与にかかわらず、人類出現以前の遥か昔から存続してきました。ただそうした状況も、われわれ現生人類の出現によって一変しました。人新世が問題提起したように、少なくとも新石器革命以降、人類の営みは、自然環境にさまざまな影響を及ぼしてきました。とくに新石器革命は、自然と文化のどちらかに明確に区分などできない、栽培作物や家畜などを生み出しました。栽培作物も家畜も、人類が長い年月を掛けて、自然界の動植物に働きかけ、人間に都合の良いように改良してきた結果です。それゆえ、栽培植物や家畜が形作る、田畑や牧場などもまた、自然と文化が一体となった環境にほかなりません。

自然と文化が混在し一体となった環境は、新石器革命以降もとどまることなく、加速度的に増加してきました。とりわけ、産業革命以降は、人類の影響が及んでいない自然環境など存在しない、と断言できるほどです。

この言明に対して、「それは人間の思い上がりではないか」、「アネクメーネ（非居住地域）をはじめ地球上にはまだまだ人間の手が及んでいない自然環境があるではないか」、といった批判や疑問を抱かれるかもしれません。しかし、地球を覆う大気には、産業活動や都市生活から排出される排気物質や微量元素が、濃淡こそあれ含まれています。さらには、海洋プラスティックや環境ホルモンなど、人類の営みを起源とする、さまざまな汚染物質が大地に、海洋に、河川に、大気にあまねく広がり浸透しています。残念ながら、こうした現状から目を背け、「手つかずの自然」を夢想することこそが、現代社会では問題となる姿勢かもしれません。

自然環境もまた、自然に由来する要因と、文化に基づく人間活動に由来する要因が、まさにハイブリッド（渾然一体）化して成り立っていることを確認しました。ただ自然と文化のハイブリッドは、自然環境のみならず、すべての環境にあてはまります。というのも、どんな環境も、自然要因と無関係には成り立ってなどいないからです。

人工物をはじめ、人間が生み出し創り上げるものは、すべて地球の自然環境に由来した素材を用いています。また人間行動が創り出す環境も、人間が生存するための空気や水などの自然要因が、当然のことながら基盤となります。そもそも、どんな環境も、例外なく地球上で、そして宇宙空間で展開されています。その限りにおいて、自然とは別に、文化だけで成り立つ環境がありえるとの考えは、自らが自然界の一生物であることを忘却した、人間の傲慢と見なすべきでしょう。

文化が作る環境

環境は、自然と文化が不可分に一体となって形成されていることを確認しました。この理解を踏まえ、人間にとって環境がどのようなものか、またそこに文化がどのような役割を果たしているのか、さらに考察を深めたいと思います。

まず基本的な事実として、人間は、同じ自然要因を与えられたとしても、異なる環境を造りあげます。この理由は、人間が構築し暮らす環境が、自然要因を基盤としつつも、当該集団の文化が創り上げたものにほかならないからです。つまり、文化が異なれば、どれほど同じ自然要因があっても、人間はまったく違う環境を作り上げるということです。

もっとも、文化は、環境を構築する以前に、自然環境において人間が生存できるか否かを規定します。「恵みの森」や「豊かな海」などの常套句がありますが、その自然環境で生きて行く知識や技術がなければ、決して「恵み」も「豊かさ」も引き出すことはできず、むしろ「不毛な森」や「危険な海」になってしまうでしょう。このため、自然要因を用いて環境を作り出すためには、まずもって当該自然環境に適応して生存、生活することが必須となります。

さらには、文化によって、有用となる天然資源さえも異なります。ある社会や集団にとって貴重な資源であっても、それを活用するための知識や技術がなければ、まったくの無価値となります。その最たる事例として、石油をあげることができます。石油は、一九世紀後半まで、人類にとって危険性こそあれ、積極的な価値が見出しがたいもので、極めて限定的な利用しかされていませんでした。しかし、燃料として精製し、動力エネルギーとする技術が開発されることによって状況は一変し、現在では不毛の砂漠に原油掘削のためのプラントが、多数立ち並ぶ人工環境を生み出しました。

なおこれも自明の事ですが、同じような目的で、同じ天然資源を使ったとしても、その結果できあがる環境は異なります。たとえば、同じ木材や石材を使って都市を建設したとしても、洋の東西はいうまでもなく、日中韓の東アジア三カ国でも、文化によって違う環境が生み出されます。

非物質的で不可視な文化実践

文化と自然が形作る環境は、物質的・物理的要因のみならず、人間の認知や行動も重要な要因となります。もっとも、本書を読み進めてきたならば、これは必然の指摘と受け取られるでしょう。

というのも、文化の本質は、人間が後天的に学習、習得した、非物質的で不可視な身体能力だからです。物質化や可視化されているのは、あくまでも文化を習得した人間の身体が生み出した結果にほかなりません。むろん、物質化や可視化されたものを、文化と見なすことがありますが、それらが存在するためには、人間の身体による文化の習得が必須の前提条件となります。

このため、環境もまた、必ずしも物質的・物理的に自然環境が改変されたものになるとは限りません。たとえば、信仰や宗教などは、一般的に聖地や聖域などと呼ばれる場を形成しますが、それらは人工的に構築されたものだけでなく、自然の巨石や大木、あるいは山岳や河川などであるケースが少なからずあります。知識や信仰心ない者には、なんの変哲もない自然環境が、信仰や宗教を共有する人びとにとって掛け替えのない場となります。

いっぽう、政治や経済なども、さまざまな環境を作り出す要因となります。国境や行政区分は、自然環境に任意に引かれた、本質的には不可視の境界ですが、こちら側と向こう側でまったく異なる環境となることがあります。実際、「国境を越えたら街並みが一変した」や「夜の衛星写真を見ると電灯の明るさが国境で大きく変わる」など、政治的に任意に引かれた不可視のボーダーが、物質的で可視化される環境を作り出すことがあります。

また経済に関しては、景気がわかりやすい事例になります。景気は、株価や消費指数、あるいは失業率などで計られる、本質的には不可視の要因です。しかし、景気の良し悪しは、結果として商店や街の賑わいを左右し、人口増加や過疎化などにも直接的に影響を及ぼし、特定の地域環境を形成する要因となります。

さらには、慣習や価値観なども、環境を形作る要因となります。一例として、特定文化の道徳や倫理観は、ある時ある場での人間行動を規定し、基礎づけます。この結果、清潔で安全な都市環境が守られたり、その逆になったりします。もっとも、前述の家庭環境や職場環境などは、習慣や価値観に基づく人間の認知と行動が創り出すものにほかなりません。なお自然環境の保護なども、人間の価値観に基づく選択です。ある特定の動植物を保護しよう、ある場所の自然環境を改変せず、そのままの形で守ろうなどと、われわれは極めて恣意的な判断によって、直接的にも間接的にも、自然環境に見えない影響を及ぼしているのです。

環境決定論の再考

文化を有する人間は、環境に適応するだけでなく、環境を改変し、創出していることを確認しました。こうした理解に立脚し、われわれ人間が、どこまで環境に影響されるのか検討をしてみたいと思います。人間が環境に影響を受けることは、それが正しいか否か別として、日常生活でもよく語られ、耳にする機会も多いのではないでしょうか。

こうした考えは、「環境決定論（environmental determinism）」と呼ばれるものです。環境決定論は、ドイツの地理学者フリードリヒ・ラッツェルらが提唱したとされる学説です（『人類地理学』古今書院、二〇〇六年）。簡潔に説明するならば、自然環境が人間の生活や活動を決定する、と考える視点や立場と表現できます。

人間が生物である限り、自然環境の制約から完全に自由になることはないでしょう。ただ問題は、人間はどこまで自然環境の影響を受けるのかにあります。「寒い地域だから無口になる」や「暖かい場所の人はのんびりしている」などは、個性のレベルを無視した勝手な決めつけに過ぎません。また本章でも確認したように、人間は、同じ自然環境を与えられても、文化が違うとまったく異なる環境を創り出します。

このような批判事例を基に、フランスの地理学者ポール・ヴィダル・ドゥ・ラ・ブラーシュが「環境可能論（Possibilism）」を提唱しました（『人文地理学原理　上巻』岩波書店、一九七〇年）。環境可能論は、人間と自然環境との関係において、人間の主体性を重視し、自然は可能性を与えるが、生活や活動の決定を行うのは人間自身である、という環境決定論への批判理論となっています。このため、環境可能論は、自然環境の影響は無視できないものの、人間の文化が決定要因となっていることを重視する内容となっています。もっとも、環境可能論は、文化を主要因とはするものの、決して自然環境の影響を無視していないことから、むしろ環境決定論の修正理論と見なすこともできます。

文化決定論の誤解

環境決定論に対立する理論としては、「文化決定論（cultural determinism）」というものがあります。文化決定論は、エミール・デュルケムに主導されたフランス社会学やアメリカの文化人類学などが提唱したとされる理論で、個人のパーソナリティや行動様式は遺伝的・生物学的要因などではなく、その所属する文化によってほぼ全面的に決定される、という視点や立場です。この学説の特徴は、人間の認知や行動の決定要因となるのは文化であり、自然環境どころか、人間の基礎的な身体能力を形作る遺伝子さえも、文化には及ばないと考える点にあります。

人間の認知や行動を規定するは、文化なのか、遺伝なのか、あるは双方であるならば、その比率や役割はどうなのか、といった問いは現在までさまざまな分野が取り組んできたものであり、必ずしも決定的な回答はしめされていません。またこのトピックは、本書を通して追究する中心課題でもあります。

ただ本章で明らかにしたように、環境を自然と文化のハイブリッドと認識するならば、文化決定論に対しても違った理解が可能となります。それは文化決定論もまた、環境決定論と見なしうる、という理解です。というのも、文化決定論とは、文化が形作った環境が、人間の認知や行動を基礎づける、と見なしうるからです。

文化は、人間が後天的に習得するものであり、当事者にとっては他者が形作る、外部環境から学び取ることになります。この説明は、一般化・抽象化しているため、ややわかりにくいかもしれませんが、家庭環境や社会環境が人間の認知や行動に影響を及ぼす、と表現すれば容易に理解できるのではないでしょうか。つまりは、環境を自然環境のみに限定しなければ、文化決定論とは、自然要因以外を重視する、「文化環境」決定論と言い換えることができます。

人間の環世界

環境とは、人間にとって、自然と文化を用いて自ら創り上げているものでした。またそうして構築された環境は、人間の認知や行動に多大な影響を及ぼしていました。換言するならば、環境は、文化を習得した人間の認知と行動によって構築されるとともに、人間の認知や行動そのものを基礎づける要因となっていました。

人間は、自らが暮らす場を自らで準備し、同時にそのなかで自らの性質までも自ら規定している、とも表現できます。こうしたあり方は、まさに第二章で紹介した、「自己家畜化」の実例といえるものです。

ところで、文化は、環境を大きく変化させることを確認しました。またその変化は、可視化される物質的・物理的側面だけでなく、信仰や宗教で指摘した自然物や自然現象などの事例のように、一見同じような環境でもまったく違う世界に変えるケースも指摘しました。

ただ同じ自然環境でも「世界」が異なるという現象は、文化を有する人間に限られるわけではありません。ドイツの生物学者・哲学者ヤーコプ・フォン・ユクスキュルが、「環世界（Umwelt）」（『生物から見た世界』岩波書店、二〇〇六年）という概念で指摘しているように、それぞれの動物は種に特有の感覚器をもって生きており、それに応じて独自の異なる時間・空間として環境を知覚し、主体的に世界を構築しています。嗅覚や視覚のない生物にとって、匂いや光は「自らの世界」に存在しえない、ということが想像できるのではないでしょうか。

とはいえ、基本的に同じ生物種であれば、感覚器に支障がなければ、同じ世界を感じ生きています。これに対し、繰り返し本章で確認したように、人間は、同じ生物種でありながら、文化が異なれば同じ環境でも違う世界を感じ生きています。文化を持つことで、人間は、他の生物種と決定的に異なり、同一種でありながら違う多様な世界に生きることとなったのです。

以上からも、文化は、人間が世界のなかで生きて行くために不可欠なものでありながら、人間の差異を生み出す根源にもなることを、再確認できたのではないでしょうか。また残念ながら、世界の違いは、人類社会に紛争や排除を引き起こす要因にもなりえます。宗教や政治思想の違いは、現代社会における対立の火種となりますが、それは異なる世界間の軋轢と見なすことができます。

参考文献

池谷信之・前嶋秀張・山岡拓也、「愛鷹山麓における黒色帯の分布と旧石器時代遺跡の形成」、『東海石器研究』一二号、五七―六八頁、二〇二四年

第四章　文化の大爆発

人類社会の一大転換

現生人類は、文化を得たことによって、自然の制約から解放され、遺伝的・生物学的な進化がないまま、一生物種の枠におさまらない多様な認知や行動を発現し、人類史のなかでさまざまな社会を形成してきました。とりわけ、新石器革命以降の人類は、食糧生産と定住生活を開始し、複雑な社会組織・制度を有する文明社会を構築するに至りました。

「文明に至る進歩や発展」などという評価は、西欧近代社会が自民族中心主義に基づき、一方的に価値づけたものに過ぎません。ただ新石器革命は、人類の社会形態やライフスタイルを一変──というよりも激変──させたことは否定できない事実です。また二一世紀の現在、世界の人口のほとんどは、文明社会の住民であることを見逃すべきではありません。西欧近代文明の技術やシステムを基盤とする都市に暮らす人口は、現時点で世界全体の約五五％、二〇五〇年には七〇％を超える、とも予想されています。そしてなにより、現在われわれが直面している、グローバルな課題のほとんどは、西欧近代文明に由来する社会制度、科学技術、ライフスタイルなどが原因となっています。

したがって、文明や人類史なるものが、人間や人類社会に及ぼした影響を検討する意義は、決して小さくありません。とはいえ、社会進化論を反省し批判するあまり、これまで文化人類学は、文明や人類史を語ることに慎重になり過ぎていた感は否めません。しかも、こうした傾向は、現代社会のグローバルな諸課題のみならず、人間や人類社会の理解そのもの、という最重要トピックスを読み解く上でも不要な制約となっていました。

ところで、本書では、文化は常に変化するため、社会もそれに応じて変容することを、自明の前提として語ってきました。むろん、この判断や評価そのものに、基本的には大きな問題はありません。しかし、現時点までの考古学的な資料やデータでわかっている限り、人類史の変化は、質的にも、量的にも、速度的にも、決して一定でも、まして急激でもありませんでした。むしろ、出アフリカを遂げる五〜六万年前までは、変化のスピードは非常にゆるやかで、ほとんど変化していないように見える状況が長期間続いていたほどでした。現生人類ホモ・サピエンスの誕生は、二〇〜三〇万年前とされ、まだ出現時期が確定していませんが、二〇万年前ならば四分の三の期間、三〇万年前ならば六分の五の期間、ほとんど変化がないか、あっても相対的に極めて微小な変化に過ぎなかったようです。

出アフリカ後の人類拡散

人類は文化を持つゆえに、多様で変化する社会を営む、というテーゼ（命題）は、実は人類史のなかで常態ではなく、故地であるアフリカ大陸を離れた五〜六万年以降に明確になる現象でした。繰り返し指摘しているように、現生人類は、生物種として一切進化していません。したがって、われわれ人間の大脳や身体の能力や構造は、遺伝的・生理的・生物学的に出アフリカ前後で変わったわけではありません。とすると、出アフリカを果たした五〜六万年前以降に、人間の能力や社会のあり方を質的、量的、速度的に急激かつ大転換させるような文化変化が起こったと考えるほかありません。

もっとも、出アフリカ前後に、どのような文化変化が起き、なにが原因だったのか、実はまだ完全にはわかってはいません。現在まで諸説入乱れていますが、次の二つに大きくまとめられます。まず一つが、気候変動などの外部要因に求める仮説です。もう一つが、技術革新や社会発展など人類側の内部要因に求める仮説です。つまり、前者は生き残るために、やむにやまれず文化変化を起こさざるをえなかった、という受動的な仮説で、後者はたゆまぬ革新が、同時期に臨界点を超え一大転換を促した、という能動的な仮説となります。どちらが正しいのか、あるいはどちらかではなく両方の相乗効果だったのか、今後の研究で検証が進むと期待されます。

ただ明らかなのは、五〜六万年前を境に、現生人類はア

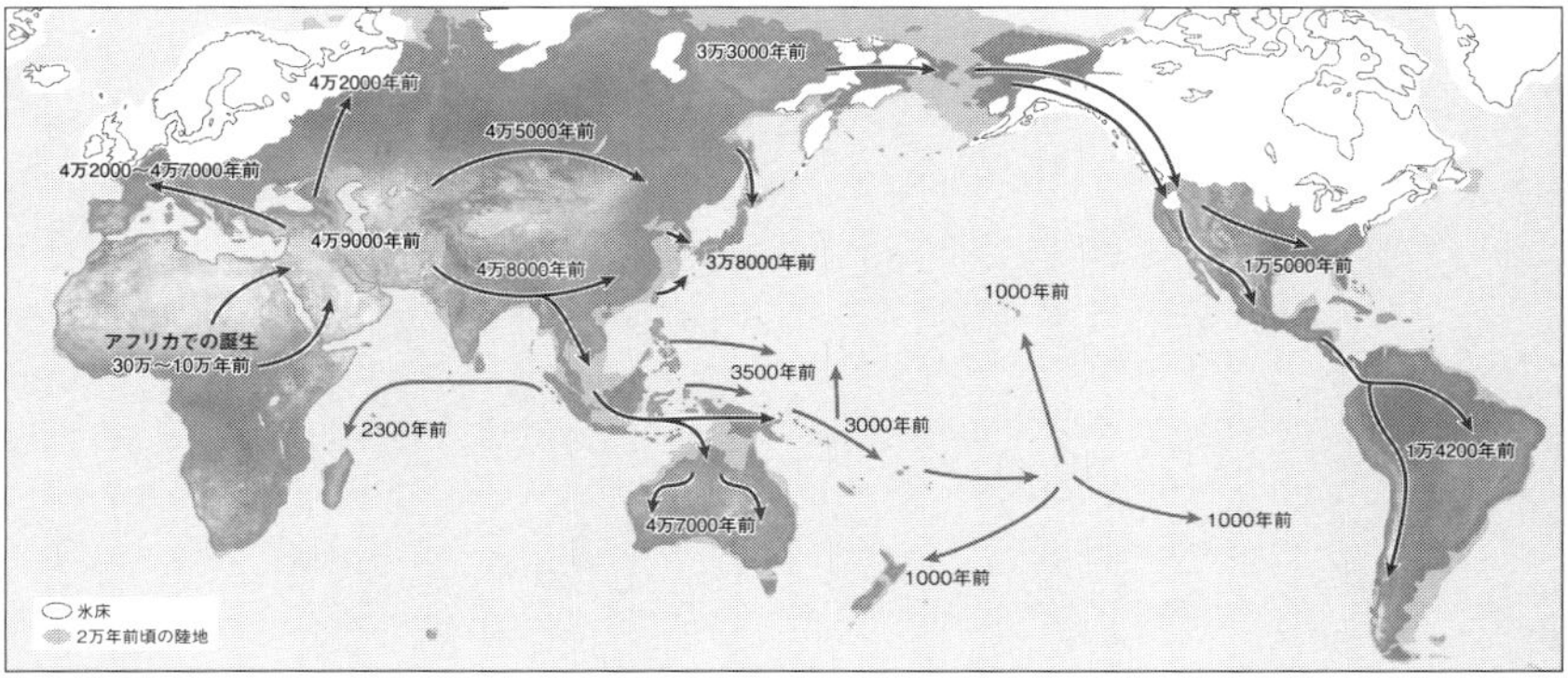

図４－１　人類拡散ルート

（出典）海部陽介『サピエンス日本上陸　３万年前の大航海』、講談社、2020年

フリカ大陸の外部世界に進出するとともに、新たな環境に適応し生存圏を急速に拡大したことです。たとえば、四～五万年前までには――ニューギニア島とオーストラリア大陸が陸続きだった――サフル大陸に到達し、当該地域で居住をはじめます。サフル大陸への移住は、人類が大海原を超え、海に隔てられた向こう側の地にたどり着き、しかも住み着くことができたのです。簡単にいえば、この時点で人類は、外洋を超えるための造船技術と航海術を持ち合わせていたことになります。

さらに同時期、現生人類は、バイカル湖周辺の高緯度寒冷地帯や、チベット高原などの高標高域など、はじめて出会う極限環境にも進出し、適応し、居住していたことが、自然人類学の研究成果から明らかにされています。すなわち、人類は、外洋を超えるとともに、極寒の地や低酸素の高地などにも適応し、生存できる文化を獲得していたのです。人類が地球上を覆い尽くす道筋が、四万年前には既に準備されていたともいえます。

異界の神と美の創造

出アフリカは、単に新たな環境に進出し居住しただけでなく、人類を特徴づける文化実践が開始された画期でもありました。一言で説明するならば、物理的・物質的環境のなかで、一生物種として生存するためには、必ずしも役割や意味をなさない営為を、この時期から人類は明確に行いだします。その生存にとって役割や意味のない営みとは、いささかセンセーショナルな表現にはなりますが、「異界の神」と「美の創造」にかかわる――と見なしうる――行動です。

異界の神と美の創造などと表現すると、観念的・哲学的な議論を思い浮かべられるかもしれませんが、実は考古学的な資料やデータから提示された、極めて実証的な研究成果に基づいています。具体的に説明すると、出アフリカを果たした人類は、石製や骨角製の彫像、洞窟などでの彩色壁画、貝製や骨角製の装身具（アクセサリー）、骨角製の楽器などを製作していたことがわかっています。これらの考古資料から、出アフリカ後の人類は、生存には直接寄与しない、現代的な観点で捉えるならば芸術的実践とも見なしうる、なんらかの象徴行動を行っていたと想定されています。

さらには、彫像や彩色壁画のなかには、人間と他の動物の特徴を組み合わせたキメラ（合成獣）的な像や、羽や角などを付けた――あるいは生えた――人物像などが認められます。これらの像は、現実には当然存在しない、当時の人びとが想像して作ったり、描いたりしたものにほかなりません。また彩色壁画やその周囲の状況から、儀礼的

図４－２　旧石器時代の偶像
左：ライオンマン（32,000年前）ドイツ・ホーレンシュタイン＝シュターデル洞窟出土　Lion-man Ⓒ Dagmar Hollmann / CC-BY-SA-4.0
（出典）https://commons.wikimedia.org/wiki/File:Loewenmensch1.jpg
右：角のある人物画（24,000年前）イタリア・フマーネ洞窟出土
（出典）https://www.museofiorentinopreistoria.it/media/preistoart/Arte%20italiana.pdf
〈最終閲覧日：いずれも2025年１月10日〉

実践とも見なすことができる象徴行動が行われていたのではないか、とも推察されています。

意図や動機が同じだとは断定できず、むしろ異なる可能性も少なくはないですが、現代のわれわれが儀礼や芸術と見なしうる、象徴行動に関する制作物を作りそれらを用いた実践を、出アフリカ後の人類が行っていたことは確実なようです。なによりも、出アフリカを遂げた人類は、現実世界にはない異形の存在や目に見えない異世界を空想し、図像に描いたり、造形物を作ったりしたことは確実です。神なる超越者の存在を思い描いた信仰や宗教、人間自らが自然界にない図像や音響などを創造する芸術が、この時期に成立した可能性があるのです。

文化のビッグバン

五～六万年前を画期として、人類は、故地であるアフリカを離れ、地球上のさまざまな環境に適応するとともに、イマジネーションによって異世界を思い描き、宗教や芸術につながる象徴実践を行っていました。突如として、こうした文化変容が引き起こされた状況を指して、イギリスの認知考古学者スティーブン・マイズンは、「文化のビッグバン（cultural big bang）」（『心の先史時代』青土社、一九九八年）と名づけました。

マイズンの議論は、多岐にわたりますが、「認知的流動性（cognitive fluidity）」という概念を用いて、文化のビッグバンが起きた理由を説明しています。認知的流動性とは、一般知能と特定領域に特化した知能――マイズンによれば「社会的知能」、「博物的知能」、「技術的知能」と「言語的知能」――を領域横断的に統合する能力と定義しています。難しそうに聞こえますが、さまざまなジャンルの異なる多様な知識を、つなぎ合わせる能力と要約すればわかりやすいでしょう。現生人類は、この認知流動性を実現しえたことによって、文化のビッグバンの基となる、飛躍的な技術革新を引き起こすことができた、というのがマイズンの主張です。

マイズンの仮説や議論には、今日さまざまな批判や疑問が提示されています。さらには、文化のビッグバンなどという一大転換が、そもそも本当にあったのか、また仮に一大転換があったとしても、それが認知的流動性という認知能力によって引き起こされたものなのか、という議論が人類史のホットイシューとして活発に交わされてもいます。

とはいえ、マイズンが指摘するように、異質な違う領域の知能をつなぎ合わせることは、間違いなく重要だと思われます。実際、どれほど専門的なことを知っていたとしても、それを別の専門的な知識と組み合わせたり、あるいは違うジャンルに応用したりできなければ、飛躍的な技術革新を起こすことなどできないでしょう。狩猟対象である動物の行動に関する深い知識と、狩猟用の道具作りの知識を、組み合わせることができてはじめて、相乗効果として新たな知識が生み出されることに疑問の余地はありません。またそれは確かに、ライオンの頭と人間の身体を持つ骨角像や、羽や角の生えた人物画を生み出す、イマジネーションの源泉ともなりうるでしょう。

情報の処理と活用

どれほど専門的な知識を得たとしても、それを別の知識と組み合わせて、他のさまざまな物事に応用できなければ、本当の意味で知識の有用性や発展性をえることはできません。これこそが、マイズンが認知的流動性という、いささか難解な言葉で伝えようとしたことにほかなりません。マイズンは、文化のビッグバンを引き起こした現生人類の能力を、この自ら考案した造語で説明、解明しようとしました。ただこうした能力は、現代社会でも、いやむしろ現代社会でこそ、重要とされるのでないでしょうか。

現代社会は、情報技術や人工知能などの急速な発展により、わざわざ苦労して覚えたり、習得したりしなくても、必要とする知識が簡単に手に入ります。では、この結果、知識間格差が解消し、誰もが同等の利益を得られるようになったか、といえば実態は真逆です。覚える、習得する、という煩わしさから開放され、簡便に知識が得られるようになったのに、どうして格差が開いたのでしょうか。それは、簡単に手に入る知識を、効率よく使いこなすことができる人物と、ただ情報としてのみ入手しなににも役立てることができない人物とに分かれ、前者は覚える習得することから開放された結果、より一層使いこなすことに自らの能力を集中投下させ、ますます利益を得ることができるようになったからです。それゆえ、情報技術や人工知能が発達すればするほど、知識間格差は広がってゆくと考えられています。これもまた、現代社会が直面している、デジタル・ディバイド（情報間格差）の一つと見なされています。

こうした問題を考慮すると、情報そのものの質、量、内容、速度などもさることながら、情報をどう処理し、どのように活用できるか、ということが人類にとって過去から現在まで変わることのない重要なポイントになると考えられます。このため、情報の処理と活用の最も基本的なツールである言語に着目して、その文化変容が一個人から人類社会全体に与えた影響を検討したいと思います。

言語と文明

人間は、身体の機能にハンディキャップがなければ、例外なく音声言語を習得し、それを使ってコミュニケーションをとることができます。またもし聴覚にハンディキャップがあったとしても、人間は手話など身体言語を習得し、それを用いてコミュニケーションを行います。音声言語も身体言語も、どちらも自然言語であり、基本的に優劣はありません。ただ人類社会では、音声言語が圧倒的多数派のため、手話などの身体言語が従属させられている、というのが現状です。

また人類は、多種多様な言語が存在しますが、それらに複雑や単純、ましてや高等や下等などといった格差などありません。文法が複雑だったり、語彙が豊富だったり、という違いは確かに言語によってありますが、それらを基準にレベルを分けるなど、それこそ悪しき自民族中心主義にほかなりません。

言語は、人間がなにかを表現したり、他者と意志の疎通をはかったりするためのツールに過ぎず、あくまでも大事なのは——言語で伝えられる——内容です。そのため、どんな言語であっても、複雑な社会を構築し、学問や芸術を盛んにし、ひいては文明社会を営むことができます。重要なことなので繰り返しますが、この言語だから文明化や近代化でき、この言語だから文明化や近代化できない、などといった決めつけは、人種差別にまみれた非科学的な暴論にほかなりません。

文字の誕生

むしろ、社会のあり方を規定するのは、文字の有無が非常に大きな影響を及ぼし、重要な役割を果たします。新石器革命を提唱した、イギリスの考古学者V・ゴードン・チャイルドは、文明を定義するなかで、都市形成や階層・職能分化などとともに、文字の使用を要素に加えています（『文明の起源（上）』岩波書店、一九五一年）。

文字の発明は、その以前と以後で、人間の言語使用を根本的に変え、社会に対し大きな影響を及ぼす原動力となります。文字が発明されるまで、言語の使用は、基本的に人間の身体から身体に伝えられる、その場限りの一過的な現象でした。むろん、人間の会話は、大脳に記憶されますが、それがどこまで正確なものか、究極的には誰にも証明できないはずです。

日々の生活のなかで、われわれは、さまざまな会話を交わしますが、きちんと話したはずなのに、相手にまったく伝わっていなかった、ということは誰もが体験する日常茶飯事のことではないでしょうか。また同じ言葉であったっても、受け取り方にズレや誤解があったりもします。さらには、「言った」、「言わなかった」で対立し、訴訟にまでなるケースも少なくはありません。そもそも、自分の伝えようとした内容が、その受け手である相手に、何時どんな時にでも、正確かつ完全に理解される、というのが非現実な思い込みといえます。

このような状況となるのも、音声言語であれ、身体言語であれ、会話なるものが、その場その時限りの現象だからです。とともに、われわれの記憶が、かなり曖昧で、いい加減なものだからにほかなりません。

フランスの先史学者・人類学者アンドレ・ルロワ＝グーランは、文字の発明を、言語の身体からの「外化（*extérioriser*）」（『身ぶりと言葉』新潮社、一九七三年）と表現し、人類史の一大転換と指摘しました。実際、文字の発明は、身体から身体に伝わる、その場その時限りの会話という現象から言語を開放しました。というのも、文字は物質に書き記したり刻み込んだりすれば、ある特定の時空間に、話し手と聞き手がいなくても、言語を正確にそっくりそのまま遺すことができるからです。

この結果、文字は、ある時ある場所で誰かが記した意思や内容などを、何千年後の未来にも、何千何万キロ離れた場所にも、届けることができるようになったのです。むろん、文字で書かれた文章でも、会話と同じように、書き手と読み手の間でズレや誤解が生じることは珍しくありません。ただ文字として言語の内容を物質化しておけば、そのズレや誤解を、文字の読解さえできる人物ならば、誰もが何度でも検証することが可能となります。

文字が果たした役割

さらに文字の発明によって、知識や経験が蓄積できるようになりました。知識や経験は、基本的には個人が獲得するものです。むろん、言語を用いれば、それらを他者に伝えることが、ある程度はできます。ただ文字が発明されるまでは、その伝達は会話によるものであったため、質量ともに極めて限定的であり、しかも先に確認したように正確性にも乏しいことから、社会での共有は非常に限られていました。しかし、時空を超える文字の発明は、この制約を完全になくし、社会全体で——言語が読解できるならば人類全体でも——何世代にもわたって未来永劫、知識や経験を共有できるようになりました。

この結果、人類は、無文字社会の頃とは比べ物にならないほどの知識や経験を、質量ともに蓄積し共有できるようになりました。こうした文字による蓄積と共有は、不特定多数が何時でもアクセスできるため、技術革新などを生み出す可能性を飛躍的に高めました。もし文字がなかったならば、近代の産業革命に至る科学技術の発展など到底実現できなかったでしょう。

くわえて、文字の発明は、対面によらずに情報伝達ができるため、社会や共同体を構築する人口規模を大きくし、組織を複雑にすることに貢献しました。イギリスの進化生物学者ロビン・I・M・ダンバーは、霊長類との比較から、人間の脳のサイズで安定した円滑な関係が維持できる人数は一五〇人程度（一〇〇～二五〇人の間）だろう、と推察しています（『友達の数は何人？』インターシフト、二〇一一年）。

無文字社会のなかには、非対面でも社会関係を維持しうるさまざまな制度や規則を設けて、ダンバーが推察した人口を超える、規模の大きなコミュニティを実現し維持している事例があります。また南米では、無文字のまま都市文明が形成され、広大な領土を支配するインカ帝国などが建国されたように、人類社会には例外が存在します。とはいえ、数万人を超えるような居住者が暮らす都市や、広域な地理的範囲にまたがる国家などは、文字なしで維持することは相当難しいというのが現実でしょう。

グローバルヴィレッジの出現

文字の発明によって情報は、個人を超え、地域を超え、時間さえも超え、人類社会で共有し蓄積することができるようになりました。またこうした情報の蓄積と共有は、時代の転換を促す技術革新によって加速し、拡大しました。たとえば、ルネサンスの三大発明の一つに数えられる、活版印刷は、文章を正確かつ大量に複製することに成功し、社会での情報の共有と蓄積を飛躍的に高めました。

二〇世紀前半まで情報伝達の中心であった印刷・活字メディアは、図像や写真の印刷技術の発展が一部補完的な役割を果たしたものの、基本的に文字の発明の延長線上にあったといえます。なお音声や動画によって、発話を直接社会に広くに届けることができる、ラジオやテレビといった電子メディアが登場した二〇世紀後半以降、文字の影響力は相対的に低下しました。

とはいえ、文字による印刷・活字メディアは、二〇世紀末まで、一定の影響力を社会に有していました。というのも、ラジオやテレビは、広範囲に情報伝達はできるものの、基本的には発話の一過性という制約から完全に自由ではなかったため、録画再生が簡便になるまで、情報や知識の蓄積の面で印刷・活字メディアに取って代わるほどではありませんでした。

しかし、二〇〇〇年代になると状況は一変しました。いうまでもなく、その理由は、インターネット技術の急激な発展にほかなりません。インターネット技術は、国境や言語など既存の境界をやすやすと超え、一瞬で世界中に情報を届けることができます。しかも、一方的に受信するだけでなく、誰もが情報を発信できるようになったのです。インターネットによって、われわれは、地球の裏側とも隣の部屋とのように情報のやり取りができるようになりました。

さらにインターネットの技術革新は目覚ましく、音声や動画を何時でも簡便に再生できるようになり、文字でしかできなかった、時空間を超える情報の蓄積と共有が、発話などでも可能となりました。この結果、情報の共有と蓄積に関する文字の優位性は、極端に低下し、新聞や雑誌などの印刷・活字メディアは、現在「オールドメディア」とも呼ばれています。またテレビやラジオさえも、今やオールドメディアとなりつつあります。

カナダの英文学者でメディア研究者でもある、H・マーシャル・マクルーハンは、電子メディアの発達によって、地球全体で一つの村社会のようなコミュニケーションが交わされる、「グローバルヴィレッジ（Global village）」が出現する、と予想しました（『グーテンベルクの銀河系』みすず書房、一九八六年）。インターネット技術は、まさしくグローバルヴィレッジを実現させ、人類社会の情報の一元化を推進しています。

技術的特異点を迎えて

人類社会は、文化のビッグバン、新石器革命、文明形成などを経て、遂にはグローバルヴィレッジを実現するに至りました。ただこれまでの社会変容は、あくまでも人間の能力そのものを補完、拡張する方向性にとどまっていました。しかし、現在われわれが目の当たりにしている、人工知能の急速な進歩に関しては、従来とは根本的に性質を異にする、「技術的特異点（technological singularity）」の到来が指摘されています。

技術的特異点とは、アメリカのコンピュータ科学者であり発明家・実業家でもあるレイ・カーツワイルが提唱した、人工知能が人間の知能を凌駕する転換点を指す概念です。もっとも、カーツワイルの主張には、ポストヒューマンの登場など大胆で物語的な未来予想が含まれているとともに、コンピュータ技術の開発速度の継続を前提にしていることなどから、少なからず批判的・懐疑的に捉えられてもいます。

ただ人工知能をはじめとする情報技術の急速な技術開発が、現時点で既に社会や人間そのもののあり方を、大幅に変化させていることに疑いの余地はありません。人間は、計算速度や情報処理などで、とっくにコンピュータに到底かなわなくなっています。またナヴィゲーションや消費選択なども全面的に依存するようになり、自ら地図を読んで目的地に赴いたり、好みの店舗や商品を自分の足で探し見つけたりすることが、めっきり少なくなってしまいました。さらには、生成ＡＩの登場により、文書や絵画、音楽などが自動で作成できるようになり、人間の感性の産物とされていた文学や芸術までも自らの手を離れようとしています。

このように情報技術は、われわれが日常的に行っていた情報処理や、それに伴う行動を軽減しただけでなく、感性にかかわる営みまでも侵食するようになりました。この結果、さまざまな職種が必要とされなくなるか、それらに関わる知識や技能も価値を大きく落とすと予想されています。「〇〇年後になくなる職業」というセンセーショナルなあおり文句は、決して大げさな警告などではなく、生成ＡＩが産業構造や職能教育といった社会基盤にかかわる数々の側面に多大な影響を及ぼし、抜本的な社会再編を促すことは間違いないでしょう。

文化実践の喪失と人間不在

しかしなによりも、現在の急激な情報技術の革新は、これまで人類史上になかった重大な変化を引き越しています。その変化とは、人類が文化のビッグバン以降、数万年かけて獲得してきた文化的能力の発展を、手放しつつあることです。

たとえば、ＧＰＳ衛星を活用したナヴィゲーションは、自動車をはじめ船舶や航空機の運航のみならず、今やスマートフォンにも常備され、徒歩での移動にさえも日常的に使われています。このため、地図を読んで移動する、という能力の必要性はほとんどなくなってきました。個人的な感慨ではありますが、ＧＰＳナヴィゲーションがなかったころ、自動車でも徒歩でも、はじめての場所や土地にどうやって行っていたのか、自分のことながら不思議に感じます。

とはいえ、人類は、正確な地図すらなかった、何千年も何万年も前の悠久の昔から、大海原を超え島から島に渡り、あるいは見渡す限りの大平原や砂漠を往来していました。というよりも、こうしたナヴィゲーション能力は、出アフリカ後に直面した新たな環境のなかで、われわれの祖先が獲得した文化的能力にほかなりません。

いっぽう、人工知能は、感性に基づく芸術、文学、音楽すらも、人間自らが生み出す必要性をどんどん低下せています。生成ＡＩの描く絵画やイラストは、技巧の面だけを見れば、大多数の一般素人など到底かなわないレベルに既に達しています。一五〜二五万年を経て、ようやく花開いた芸術は、五万年の時を経て、ふたたび人類の文化実践から姿を消す可能性が、ＳＦなどの絵空事ではなく現実味を帯びてきたのです。

人類は、なんども技術革新を実現し、自らや社会の変容を経験してきました。ただ過去の技術革新は、人間が有する能力の補完や助長、あるいは自らの能力ではできないことの実現を、人類社会にもたらしてきました。この結果、人間が行う必要がなくなったことは、過去にも数多くありました。ただし、過去の技術革新は、人間が常に関与していました。簡単にいえば、発明やイノベーションを起こしてきた主体は、あくまでも人間だったのです。

これに対して、人工知能の登場は、この根本を揺るがしています。というのも、人間が実践する必要がなくなっただけでなく、人間が直接関与しないところで、人工知能が自ら学習し革新しているからにほかなりません。しかも、その革新は、サイバー空間で絶え間なく収集される膨大な情報を基に、人間の情報処理能力をはるかに上回る集積回路のなかで、自らを刻々とアップデートすることで進められています。

その一方で、われわれは、情報端末にすべてをゆだね、自らの能力による実践を放棄し、その結果として当該能力そのものを喪失しています。こうした状況が、今後どうなるか、誰にも正確なことはわかっていません。ただ現代社会に生きる誰しもが、人工知能の自己学習と人間の不在に対し、薄気味悪さや漠たる不安を、敏感に感じ取っているのではないでしょうか。とすると、われわれは、既に技術的特異点の渦中にいるのかもしれません。いずれにせよ、人類は、これまで経験したことのなかった、まったく新しい局面に足を踏み入れつつあるようです。

第五章　技術による解放と支配

人類史における技術革新

技術革新は、本書でも繰り返し確認してきたように、人類史のなかで社会や人間そのもののあり方を変えてきました。新石器革命以降も、ルネサンスや産業革命などの技術革新が、人類社会を大きく転換し、その後の方向性を規定してきました。事実、ルネサンスから産業革命までの技術革新は、一六世紀以降、西欧諸国が世界中に植民地を作り、支配する原動力になりました。またその結果が、今日の国際情勢を形作っている、といっても過言ではありません。

いっぽう、二一世紀の現在、世界中のほとんどの国や社会は、西欧近代が生み出した科学技術に大きく依拠しています。実際、科学技術がなかったならば、あたり前に過ごしている日々の生活のありとあらゆる物事が成り立たなくなることは、電力ひとつを例に考えるだけでも、容易に理解できるかと思います。

さらには、政治、経済、軍事、教育、流通といったシステムや制度なども、思い起こしてみれば、どれもこれもルネサンスや産業革命などの西欧近代にルーツを持つ科学技術に立脚しているといえます。たとえば、もし情報メディア技術がなければ、選挙で立候補した人物の政策やキャラクターなどを有権者が知ることができず、結果として投票選択をすることができないため、民主主義は成り立たなくなるでしょう。

ところで、こういった指摘をすると、そんなことは、これまで本書で、さんざん言及してきたではないか、それをまた繰り返すのか、と思われるかもしれません。しかし、これまで本書では、断片的な言及のみにとどまり、技術そのものを直接検討してはいません。また第四章では、認知や言語などを中心に、どちらかといえば大脳にかかわる、文化的能力に焦点を当ててきました。こうしたことを踏まえ、本章では、技術を主題に据え、その文化的特徴と人類社会に及ぼした影響を検討します。

身体活動としての技術

本書では、これまで単に技術、あるいは技術革新や科学技術などを、無前提に論じてきました。他方で、技術には、技能や技法などの類義語があります。では、そもそも技術とは、どのようなものなのでしょうか。辞書的には、「物事を取り扱ったり処理したりする際の、または目的とするなにかを作り出したり成し遂げたりするための、方法や手段」といった定義があげられます。

ただこうした定義を目にすると、文化的能力や知識などとどう違うのか、と疑問に思われるのではないでしょうか。まず技術は、文化の一つであることに疑いはありません。また一個人の身体レベルで捉えるならば、技術は、後天的に習得された文化的能力となります。いうまでもなく、これらの特徴は、基本的には知識などと変わるところはありません。

しかし、技術には、身体の物理的な運動による、文化的実践という特徴が指摘できます。言い換えるならば、技術は、必ず身体活動によって実践される文化能力ともいえます。この点を踏まえると、人間が文化によって創り出すものは、技術によって可視化、物質化されていることが確認できます。このことは、知識と対比すると理解しやすくなります。

知識は、どれほど理論的に優れていたとしても、それを実現するためには、技術が必要不可欠となります。「理論的には可能」などという表現を、よく耳や目にすることがありますが、それは知識を実現する技術がない状況の裏返しといえます。それゆえ、技術は、言語や知識などに等しい、基礎的な文化要素と見なすことができます。

もっとも、この定義に対して、技術のなかには、水車や風車から工業ロボットなどのように自動制御機器による設備や工場があり、人間の身体活動によらないものがあるのではないか、という批判や疑問を抱かれるかもしれません。ただそうした批判や疑問は、それらの自動制御機器も、結局は人間の身体活動である技術によって、生み出されていることを見落としているに過ぎません。機械が自らの意図で機械を開発し生み出す、ＳＦで物語られるような、技術的特異点を迎えるまでは、技術は人間の身体活動を伴う文化的実践であり続けるでしょう。

技術とはなにか？

いっぽう、技術には、技能や技法などの類義語があります。それぞれがどんな意味で、どう違い、いかなる関係にあるか整理し、確認したいと思います。まず確認すべきは、日常語彙のなかでは、これらの言葉は混同され、相互に重複した意味で使われています。また人類学を含め、それらの用語を、学術的に厳密な定義をしている分野は、人文社会学系から自然科学系まで実はほとんどありません。このため、日常語彙の意味と矛盾しない範囲で、かつ他言語でも共有できる定義を行いたいと思います。

技能は、身体活動としての技術を実現するための、身体能力と定義できます。一般的に技能は、職能者の専門能力などを表現するために用いられていることから、この定義は日常の語意にも沿うものです。また技能の英訳である、「skill」にも対応します。なお技能は、身体能力であるため、通常は潜在的で可視化されません。

技法は、技術を実践する際の、物理的・物質的な身体活動そのものと定義できます。またこの定義は、技法の英訳である「technique」にも対応します。ところで、技法には、道具の使用法や手順・工程などの意味でも使われますが、どちらも結局のところ身体活動にほかなりません。他方で、技法は、潜在的な身体能力である技能に裏づけられています。したがって、技能は、その習得の有無やレベルが技法によって、はじめて可視化や実体化される、と言い換えることもできます。

技術は、簡潔に社会制度と定義できます。この定義が成り立つことは、たとえば農業技術や自動車製造技術など、なんらかの具体事例を思い起こせば、容易に追認できるのではないでしょうか。というのも、これらの技術は、それぞれを成り立たせている社会文化的要因・背景まで含んでいるからです。また同定義は、英訳の「technology」にも問題なく合致します。

以上の定義を承認するならば、技術は、多義的というよりも、異なる性格に対応すべき類義語が整理されず、曖昧なまま混同されてきたといえます。また技術が社会制度であったとしても、基本的には、特定の社会的・文化的目的を達成するための技能を身につけ、それを現実化する技法に基づく個々人の身体活動にかわりはありません。

近代と伝統の二分法

ところで、文化人類学を含む人文社会学系の分野では、技術を近代に、技能を前近代や非近代に、それぞれ特有のものとする主張が少なからずあります。またこうした主張は、往々にして近代の科学技術を批判する目的、文脈で使われる傾向があります。

しかし、前述の定義を承認する限り、技術も技能も、さらには技法も含め、近代か否かにかかわらず、どんな社会にも適用可能な概念となります。このため、技術を近代社会のみにしか存在を認めない主張は、定義があいまいで、類義語との関係が未整理なことが原因と見なすべきでしょう。くわえて、こうした主張は、近代とそれ以外を断絶する、という意

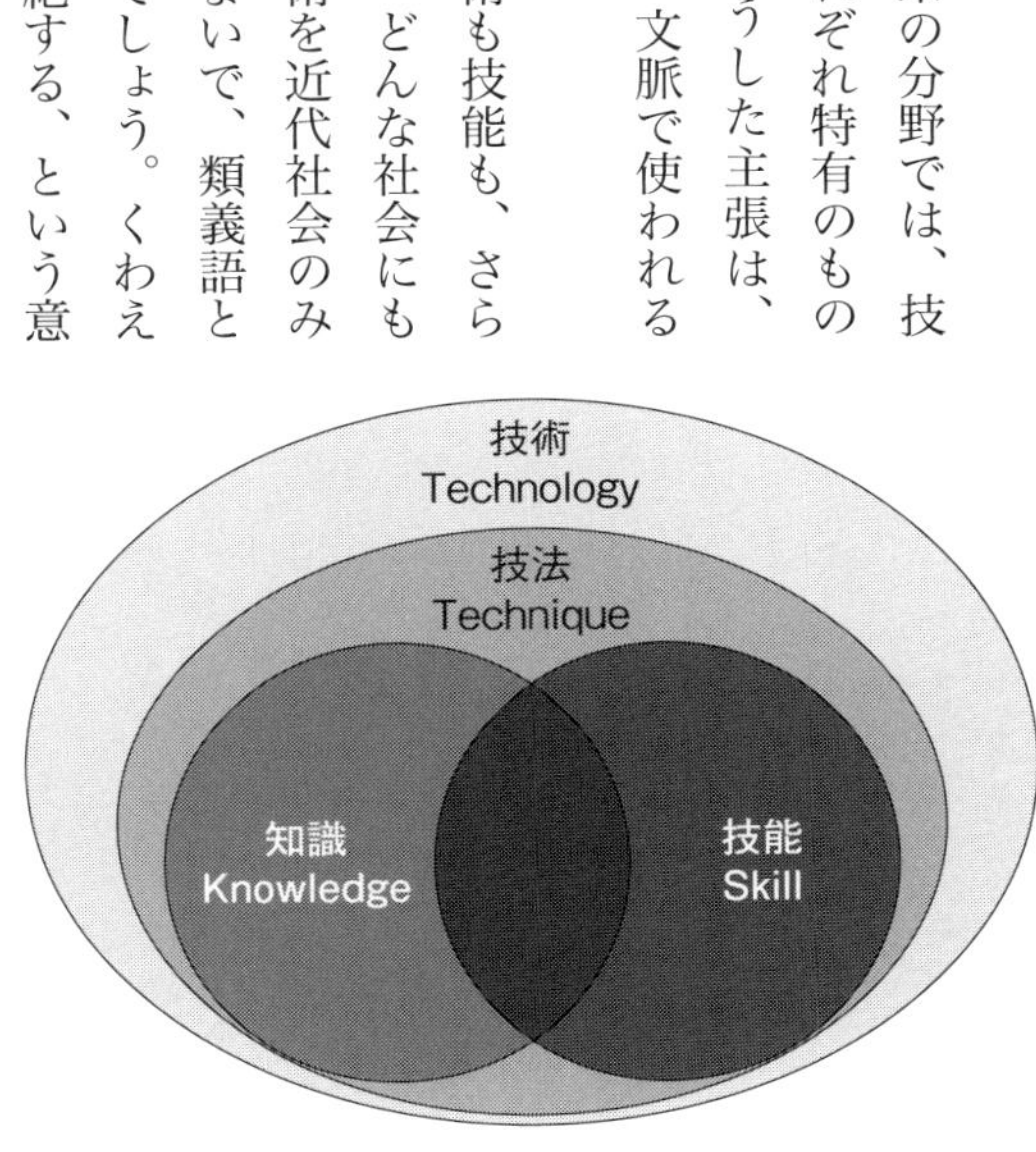

図５−１　技術・技法・技能の関係性

味で社会進化論におちいる危険があります。

もっとも、技術は、人類史のなかで変化、革新してきたことは疑いのない事実です。また近代の科学技術のみならず、技術が人類史のなかで社会に影響を及ぼし、大きな転換の切っ掛けとなってきました。こうしたことを考慮に入れ、前述の定義を共有した上で、前・非近代的とされる民俗社会の技術と近代社会の科学技術の比較を行い、それぞれの性格の違いを検討するなかから、人類史における技術の変遷を明らかにしたいと思います。

定型化された身体の使い方

民俗社会の技術の特徴として、まず指摘できるのが、その技術を実践する時の姿勢や動作など、身体の使い方が非常に定型化していることです。むろん、技術の実践には、道具や設備など身体の使い方を物理的に規定する要因が、ある程度どこにでも存在します。たとえば、陶工でも木彫でも、同じ工芸をする場合、椅子に座って作業するか否かによっても、技術を実践する身体の姿勢や動作は、相当に違いがでます。

ただ民俗社会の技術では、別の姿勢や動作ができるにもかかわらず、ほとんどの作業者が同じ身体の使い方をするケースが多々見られます。またそうした同じ身体の使い方は、全身の大まかなポーズにとどまらず、さながらダンスの演目や茶道の所作のように、一つひとつの指の形や動かし方などにまで及ぶことがあります。

また当事者たちは、こうした定型化された身体の使い方でなければ、上手く技術が実践できない、と感じているふしがあります。わたし個人の調査事例なのですが、フィリピン・ルソン島北部の山地民社会で土器作りや機織りなどの民俗工芸を実体験した際、現地の陶工たちと違う身体の使い方をなんどかしたのですが、その度に「そんなやり方ではできない」と注意を受け、「正しい」動作や姿勢を取るよう指導されました（『技術と身体の民族誌』昭和堂、二〇一四年）。とはいえ、個人的には、わたしが取った姿勢や動作でも、目的とする作業に支障は感じませんでした。

ただこうした定型化された身体の使い方が、現地の人びとの単なる思い込みか、といえば必ずしもそうとは言い切れません。第一章で「身体技法」を紹介しましたが、この概念の提唱者であるモースは、第一次世界大戦の時イギリス軍とフランス軍が交代で塹壕を掘った事例を取り上げ、それぞれの国で使われている形態のショベルでなければ、上手く土を掘り上げることができなかったため、いちいち交代のたびに取り替えなければならなかったことを指摘しています。

いうまでもなく、ショベルの形態は、穴を掘る作業者の姿勢や動作に反映されます。むしろ、作業者の姿勢や動作に合わせて、ショベルの形態が作られている、と見なすことも可能です。このため、地面を掘るという比較的単純な作業であっても、技能を発揮するためには、自ら身につけた身体の使い方や、それに合わせた道具や設備が必要となることがうかがえます。

なお定型化された身体の使い方でなければ、身につけた技能が上手く発揮できないことは、日常的にわれわれも多かれ少なかれ体験しているのではないでしょうか。たとえば、パソコンを新しく買い替えた直後、ブランドタッチが上手くできないなど、決まったやり方や何時もの道具でなければ、なぜか上手くできない、ということが案外と身の回りにあふれているように思えます。とすると、身体技法は、近代社会のなかでも随所に介在していて、違う国や地域の道具や設備などの使い勝手がシックリこない、などという体験は、もしかすると身体技法を身につけていない、自分自身のせいなのかもしれません。

語ることのできない次元

次に民俗社会では、技術に関する知識があまり言語化されない、という特徴が指摘できます。民俗社会では、近代社会の学校教育のように、言葉によって、なにかを学んだり、教えたりすることが、それほど多くはありません。とりわけ、生業・生産活動であれ、象徴活動であれ、それを実践する技術について、言葉で伝習することは少ない傾向があります。

前述の身体技法の説明のなかで、わたしの調査体験として、現地の陶工と違う身体の使い方をした際、注意を受けたエピソードを紹介しましたが、それは極めて例外的なケースといえます。というのも、現地の人びとであれば、言葉にするまでもなく、当然するはずの姿勢や動作をせず、わたしがまったく違う身体の使い方をする、非常に風変わりな異邦人だったからにほかなりません。

しかし、ここで指摘したい特徴は、技術の実践には、あえて「言葉にしない」ではなく、どうしても「言葉にできない」側面があることです。これもルソン島山地民社会での調査経験なのですが、ある時、土器の内面を削って器壁の厚さを均質にする作業をしていたのですが、ふとどうやって厚さを同じにすればいいのか、まったく見当がつかないことに気づき、慌てて周りにいた陶工たちに教えを乞うたのですが、「適当に」や「いい加減を見計らって」などがほとんどで、的を射た回答は一切もらえませんでした。

率直に言って、これでは土器の厚さをそろえることなど、到底できないと感じました。ところが、実際に土器の厚さを計ってみると、現地の陶工が作る土器の厚さは、ほとんどが〇・五ｍｍ程度の誤差しかありませんでした。ちなみに、わたしが作った土器の厚さは、三〜四ｍｍもの誤差がありました。ここから、現地の陶工たちは、言語化できないものの、器壁の厚さを的確に感知し、均質にそろえる技能を有していることは疑いありません。陶工たちの技術の実践を、あえて説明するならば、言語化できないものの、的確に土器の厚さを感知し、カンやコツとしか表現できない技能によって、均質な器壁を実現している、となるでしょうか。

ハンガリーの物理学・科学哲学者マイケル・ポランニーは、経験的に使ってはいるものの、容易には言語化できない知識があることを指摘し、それを「暗黙知（tacit knowledge）」（『暗黙知の次元』紀伊國屋書店、一九八〇年）と名づけました。ルソン島山地民の土器の均質な厚さは、まさにポランニーが指摘する暗黙知によって実現されている、としか表現のしようがないように思えます。

暗黙知と技能

もっとも、暗黙知は、決して民俗社会にのみ特有なものとはいえません。実際、われわれの日常生活のなかにも、「実践できる」にもかかわらず、その方法を言葉では、ほとんどまったく「説明できない」、という知識が無数に存在しています。ポランニーも例に挙げているのですが、たとえ自分が自転車に乗ることができたとしても、その方法を言葉だけで完全に説明することなど誰にもできないでしょう。というのも、自転車に乗ることができない第三者が、その説明をどれほど聞いたとしても、決して乗れるようにはならないからです。

とすると、特殊なのは、むしろ無前提に知識が言語化できる、と疑いもなく思い込んでいる近代社会の方なのかもしれません。そもそも、近代社会では、知識が言語化できることが、あたり前になっているのではないでしょうか。でなければ、わざわざ暗黙知という概念が、注目などされはしないでしょう。

ところで、暗黙知は、本当に単なる知識なのでしょうか。というのも、なにかを「知っている」ことと、なにかを「できる」ことは、根本的に違うことなのではないのか、という疑問を抱かざるをえないからです。実際、「できる」か「できないか」は、常に身体活動の結果としてのみ判断されることになります。であるならば、そうした身体活動は、技能に対応させるべきものになります。

暗黙知が技能を伴うと考えるならば、言語化できない理由も、説明が容易になります。技能は、身体能力であるため、言語化できるとは限りません。むしろ、技能は、先の自転車の乗り方を含め、たとえば英語のＬとＲの発音や聞き分け、キーボードのブラインドタッチ、上手な文字の書き方などな ど、われわれの日常の些細な事例を顧みても、ほとんどが言語化などできないように思えます。少なくとも、わたし個人は、英語の発音も、ブラインドタッチも、きれいな字を書くことも、どれもこれも苦手なのですが、なぜ上手くできないのか自分でも言葉で説明できませんし、いくら上達する方法を言葉で聞いても、結局はできませんでした。

身体からの技能の解離

民俗社会のみならず、近代社会に暮らすわれわれにとっても、暗黙知や身体技法は、決して馴染みのないものではないことが確認できました。では、なぜ近代社会では、暗黙知や身体技法が、民俗社会に特殊なものと見なされるのでしょうか。その理由の一つとして、産業革命以降の技術革新の方向性があげられます。その方向性を端的にしめすならば、知識と技能の分離と、それに伴う身体からの技能の解離と言い表すことができます。

一八世紀半ばのイギリスに始まる産業革命は、動力や機械などさまざまな技術革新を促しましたが、ひとつの帰結として人類は自らの技巧ではなく、機械の仕組みによって、さまざまな生産や作業ができるようになりました。極端な言い方をすれば、機械を手順に従って的確に操作すれば、技能がなくても、誰もが目的とする生産や作業に従事できるようになりました。この結果、たとえ苦労して習得した技能であっても、その価値は著しく低下し、職能者は収入減や失職を余儀なくされました。

こうした傾向は、現在も継続しており、究極的にはボタンさえ押せば、求める生産や作業ができる方向にどんどん進んでいます。われわれは、職場でも日常生活でも、技能を習得しないまま、さまざまな作業を行っていますが、それは機械技術の賜物にほかなりません。

以上のような、産業革命以降の技術革新は、個人から社会のさまざまな側面に多大な影響、変化を及ぼしました。その一つが、前述の知識と技能の分離です。機械を正しく操作さえすれば、目的とする生産や作業ができるならば、技能を習得する必要がなくなり、求められるのは機械を扱う知識のみになります。つまり、機械を扱う知識さえあれば、技能の習得は必要なくなり、必然として技能の身体からの分離が促されます。またその結果、人間の身体から技能が解離して行くことになります。

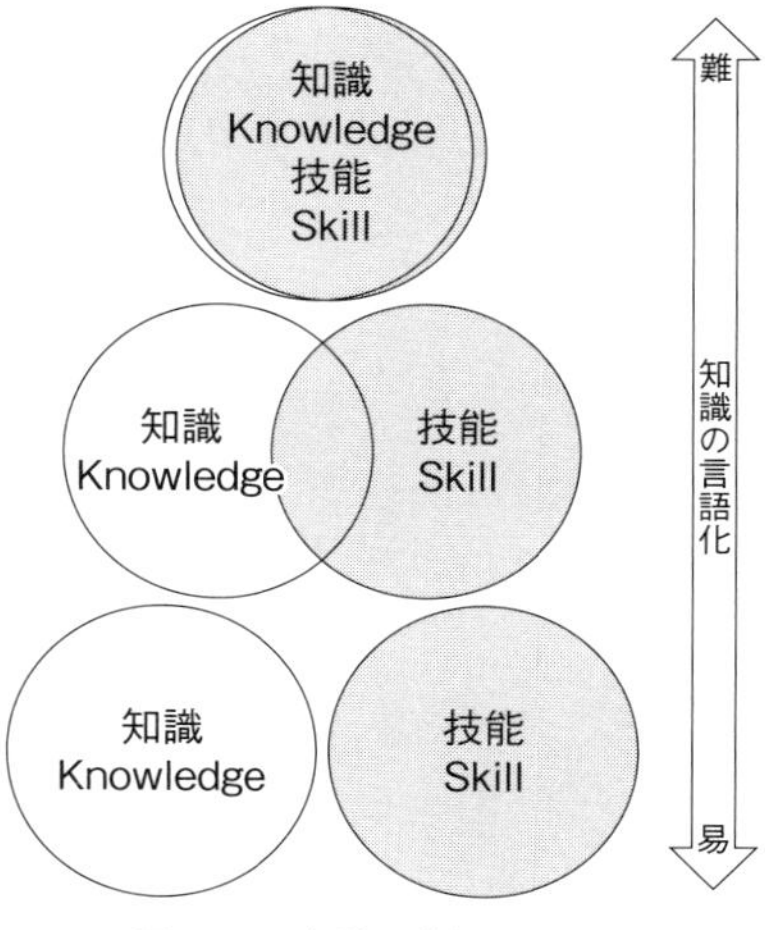

文字の発明を言語の身体からの「外化」と説明した、ルロワ＝グーランは、技術もまた人間の身体から「外化」したことを指摘しています。ルロワ＝グーランのいう技術の外化は、技能の身体からの解離と一体となって生起した現象と見なすこともできます。

いっぽう、知識と技能の分離は、技術の言語化やマニュアル化を引き起こしました。というのも、

図５－２　知識と技能の関係性

言語化が困難な身体能力である技能が、技術の実践で必要がなくなれば、おのずと言語化が相対的に容易になるからです。さらには、技能の習得を不要にしてくれたのが機械であるならば、その使い方は言語によるマニュアル化が可能となります。こうした産業革命から続く傾向が、「知っていること」を「できること」にし、「知っている」からといって「できるとは限らない」を近代社会から忘却させた原因といえるでしょう。

技術による労働の再編

ところで、技能の身体からの解離は、今日まで続く、近代社会における労働者のあり方を規定したといえます。まず技能が必要なくなれば、不特定多数の社会構成員を誰でも労働者にできます。というのも、機械が操作できれば、職能者にたよらなくても、目的とする生産や作業が可能になるからです。

もし、ある特別な技能が生産や作業に不可欠ならば、資本家や企業などの雇う側は、その技能を有する職能者を、簡単に解雇することなどできなくなります。しかし、特別な技能などなくても、生産や作業ができるならば、資本家や企業は、誰を労働力として雇ってもよくなり、不必要になれば何時でも解雇することができます。このように、雇う側である資本家・企業と雇われる側である労働者の、現在のような不均等な権力関係は、機械技術の革新によって、技能を有する職能者が排除されたことによって成立したのです。

いっぽう、職能者の技能が機械に置き換わった結果、社会の至るところで、まったく個別に行われている技術の実践を連結して、ひとつの生産活動を行う分業化が推進されました。たとえば、パン職人が元々は一人で行っていた作業を、その職人の技能がなくてもパン作りが行えるよう、機械化された工場の製造ラインを整備したとします。すると、そのパン工場には、技能を必要としない、ただ機械の補助的な単純作業を行う、数多くの労働者が従事するようになります。さらに、このパン工場を整備、維持するためには、製造ラインの設計や開発から、組み立てやメンテナンスなど、多種多様な労働が必要となります。

以上のように、近代社会では、ある一つの生産や作業を行うため、究極的にまで細分化された分業のなかに、さまざまな無数の労働が配置されることとなります。しかも、そうした労働は、無数の機械と複合化した生産システムに組み込まれています。そして、いまやグローバル化によって、分業体制は世界規模にまで拡大し、その下にわれわれは労働に従事しています。よく自らを「取り換えのきく社会の歯車」などと自嘲気味に語ったりしますが、そうした自己評価は、産業革命の技術革新によってもたらされた労働の実態にほかなりません。

身体への再注目

本章では、身体活動である技術に焦点を当て、技術革新が人類社会に及ぼしてきた影響を読み解いてきました。この結果、産業革命の技術革新によって、技能の身体からの解離と喪失を促し、今日の労働のあり方を規定したことが確認できました。

ところで、話がそれるようですが、「言語（ロゴス）中心主義（logocentrism）」という用語、思想があります。言語中心主義とは、言葉によって真理を追究しようとする、西欧近代の哲学や科学に共有されている伝統です。もっとも、言語中心主義に関しては、哲学や思想を中心にさまざまな議論があり、また論者によって定義に違いがあるため、こうした説明は必ずしも厳密なものではありません。

とはいえ、人文社会学系の研究分野は、ほとんどが言語を主要な対象としてきたことは事実です。実際、社会にせよ、文化にせよ、歴史にせよ、言語以外を対象として読み解く分野を想像することは難しいでしょう。数少ない例外として、発掘調査によって得られた遺物などの物質資料から過去の人類の営みを読み解く考古学や、消費行動などを数値化した統計データなどに基づく経済学などがあげられる程度です。いずれにせよ、人間や人類社会の追究において、言語の影響力は非常に強いといえます。

こうした背景は、人間行動の非言語的側面になかなか目が向かない理由にもなりえます。たとえば、暗黙知で確認したように、非・前近代的な民俗社会では知識と技能は重複していましたが、では知識と技能は、どこまでが重複し相互に前提条件としているのか、という問いには十分な答えが用意されていません。

他方で、技術革新は、技能の必要性を低下させ、職能者を排除してきましたが、身体能力としての技能の必要性が完全になくなったわけではなく、近代社会においても存続しています。たとえば、同じ食材、同じレシピ、同じ調理器具を用意されたとしても、誰もが一流料理人と同じ味の料理を作れるわけではありません。最先端医療の分野においても、医師の技能差が、病巣の摘出や術後の回復を左右します。

このように、知識と技能のせめぎ合いは、現在まで継続しています。そういった意味でも、技術への着目は、言語のみでは明らかにできない、文化によって形作られる人間の身体が生み出す社会のあり方を明らかにし、言語中心主義によって長年見過ごされてきた人間や人類社会の理解の扉を開くことが期待されます。

第六章　多元的世界を生きる

世界観あるいはコスモロジー

文化は、第三章で確認したように、環境に対する適応手段であるのみならず、自然と渾然一体となって環境を創り出す要因でもありました。しかし、文化は、異なる世界を創り出すがゆえに個人や集団を分断し、紛争や排除を引き起こす要因ともなっていました。こうしたあり方が、個々人や社会全体にとって、どのような影響を及ぼしているか、もう少し深く検討してみたいと思います。

このため、まず世界観やコスモロジー（宇宙論）とされる概念を用いて、この問いを追究してみたいと思います。世界観もコスモロジーも、言葉は違いますが、基本的には同じような概念です。具体的に述べるならば、人間が自らを取り巻く世界や宇宙を、どのように認識しているか、またそのなかに自らをどう位置づけているか、それらのあり様とまとめることができます。より簡潔に表現するなら、自分たちを取り巻く世界に対する認識あるいは知識、とでもいえば理解しやすいでしょうか。

世界に対する認識や知識は、いうまでもなく遺伝的・生物学的に予め備わった能力などではなく、文化的に形作られるものにほかなりません。このため、世界観やコスモロジーは、ある文化の人びとが、世界をどのように見ているか、を雄弁にしめすことになります。換言するならば、ある文化の世界の見方といえます。

世界を形作る知識

世界観やコスモロジーは、個人から社会までさまざまなレベルによって、その理解や捉え方に違いがあります。というのも、世界をどう捉え、そのなかに自分をどのように位置づけるかは、個々の人物や集団、あるいは社会が有する知識にゆだねられるからです。

たとえば、世界観やコスモロジーに影響を及ぼす要因として、信仰を代表的な事例としてあげることができます。死後に魂が向かう世界は、ある信仰では天上にあるとされ、また別の宗教では地下とされ、さらに別の信者は善人が天上で悪人は地下に行くと主張したりします。

あるいは、科学的知識の有無なども、世界観に大いに影響を及ぼします。たとえば、天文学に詳しい人物は、地球が銀河系のどの辺りに位置しているか知っていますが、その知識がない人物からすれば、そもそもそんなことは考えたこともないでしょう。ちなみに、太陽系が属する天の川銀河は、秒速二二〇ｋｍの猛烈な速度で回転運動をしているため、われわれが暮らす地球の銀河系内での位置は常に変動しているようです。

ユクスキュルが環世界で指摘したように、人間以外の動物にとっては、世界は自らの感覚器で知覚するものに限られます。しかし、人間にとって世界は、ありのまま認知されているものではなく、どんな知識を持つかによって、同じ時空間にいても、まったく異なりうることを確認しました。くわえて、人間は、物質的・物理的な要因のみならず、前述の死後の世界のように、現実には存在しない超自然的な要因も、自らの世界観・コスモロジーに位置づけます。

そういった意味で、人間は、「意味の世界」に暮らしている、と世界観やコスモロジーから指摘できます。信仰心があろうがなかろうが、科学の絶対性を信じようがいまいが、誰にとっても、なんらかの「想い出の場所」はあるでしょう。またそうした「想い出の場所」は、想いを共有しない第三者には、往々にしてなんの変哲もない場かもしれません。このように、人間は、極めて個人的なレベルから場合によっては世界全体にも共有しうるレベルまで、文化によって世界を意味づけ、その意味の世界のなかで暮らしているといえます。

なお個人の想い出は、はたして文化なのだろうか、と疑問を抱かれるかもしれません。しかし、まず個人の想い出は、当然ながら遺伝的能力に含まれません。さらには、想い出そのものは、直接的には個人的な経験であったとしても、それを形作っているのは文化にほかなりません。具体的には、学校生活や結婚式のなどは、想い出になりやすいイベントですが、それらは極めて文化的な生活実践です。またある人との会話や、ある時に掛けられた言葉なども、往々にして想い出になりやすいですが、言葉は文化にほかなりません。結局、人間の認知や行動には、文化が不可分に関与しているのです。

現実社会と世界観

ところで、世界観やコスモロジーは、決して現実社会と無関係の、単なる空想上の世界にとどまるものではありません。というのも、世界観は、現実社会のあり方を基礎づけ、規定すらしているからです。むしろ、人間が観念的に生み出した世界観があってこそはじめて、現実社会の営みが成り立つ、と見なすべきかもしれません。

　イギリスの社会人類学者エドワード・E・エヴァンズ＝プリチャードによる、アフリカ中央部に暮らすアザンデという人びとの妖術信仰を対象に行った著名な民族誌研究を事例として、世界観と現実社会の関係性を検討したいと思います（『アザンデ人の世界』みすず書房、二〇〇一年）。アザンデ社会では、死、失敗、不幸などの災厄や不幸事が起きると、それらは「妖術」が原因であると想定され、そうした説明や解釈が当該社会の人びとの間で語られます。つまり、アザンデ社会では、妖術が存在する世界観が――個人レベルで信じているか否かは別として――共有されています。

　もっとも、アザンデの人びとは、災厄には物理的・自然的要因があることを知っていて、すべての災厄を妖術のせいにするわけではありません。では、妖術は、どのように災厄と結びつけられ、当該社会で説明されているのか、具体事例で検討してみましょう。

　ある日、ある村の片隅の穀物倉が倒壊し、死傷者がでた痛ましい不幸がありました。穀物倉の倒壊理由は、シロアリによって食い荒らされた柱の一本が、自重に耐え切れず折れたことでした。ここまでの説明は、妖術の存在など信じない近代社会のわれわれにも、なんの問題もなく理解可能でしょう。

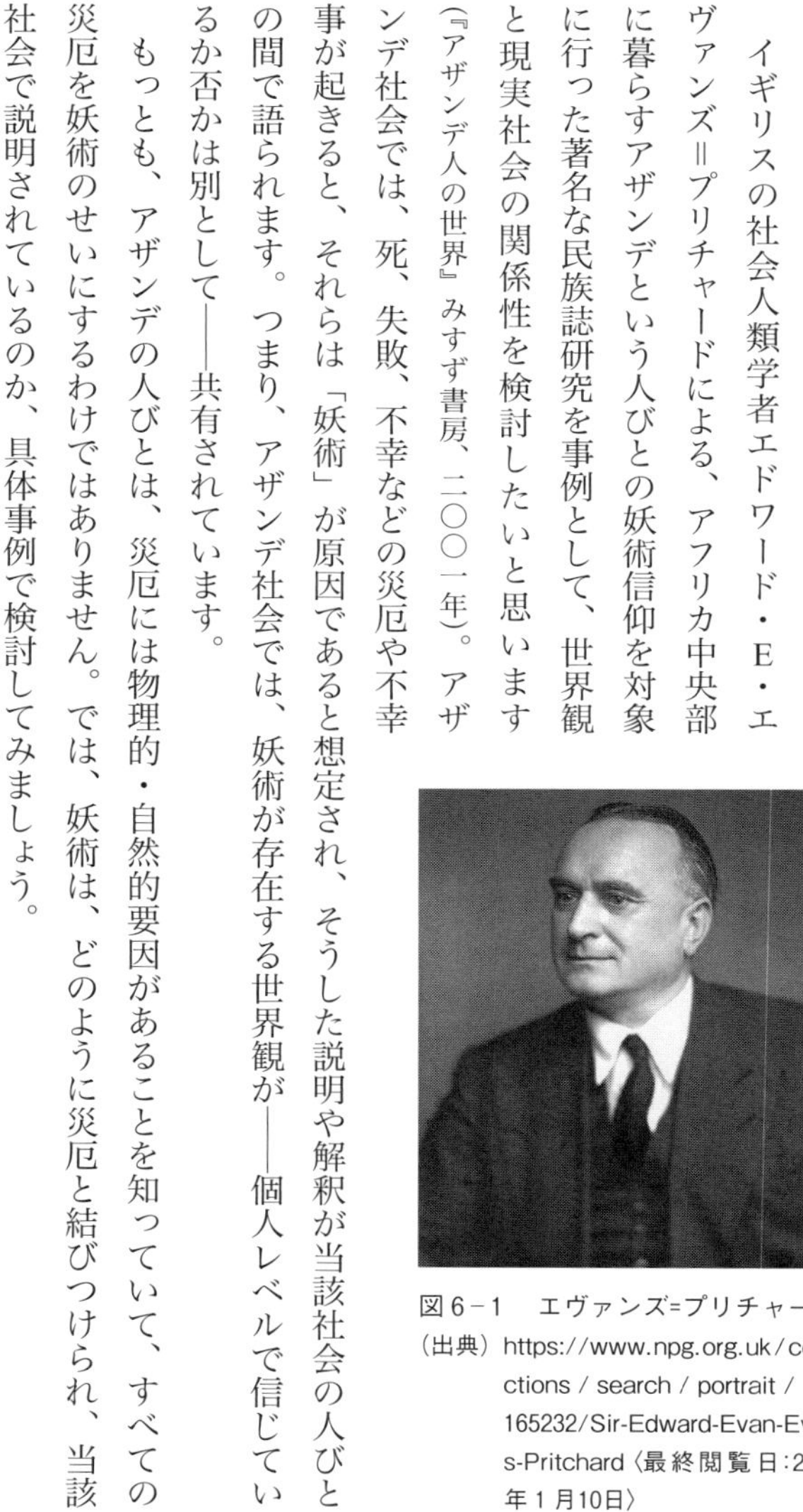

図6－1　エヴァンズ＝プリチャード
（出典）https://www.npg.org.uk/collections/search/portrait/mw165232/Sir-Edward-Evan-Evans-Pritchard〈最終閲覧日：2025年1月10日〉

またそれは、アザンデの人びとも認めるものです。

しかし、アザンデ社会では、次のような問いが発せられます。シロアリのせいで、何時倒れてもおかしくなかった柱が、「なぜその時、その場所で倒壊したのか?」、「またどうしてAさんが亡くなり、Bさんが大けがをし、Cさんは無事だったのか?」という問いです。

近代社会の人間にとっては、時空間の「偶然性」と認識し、納得するしか回答しようがないように思います。これに対して、アザンデの人びとは、このたまたまの不幸を「妖術」のせいとして説明するのです。

妖術の社会的役割

アザンデ社会では、妖術が災厄の原因とされていました。妖術の存在を前提とする世界観など、少なくとも近代社会では、非科学的な迷信や因習に囚われたものに過ぎない、との評価が下されるでしょう。しかし、妖術の存在する世界観は、アザンデの人びとの現実社会に影響を及ぼし、重要な役割を果たしています。

アザンデ社会では、不幸事が起きると、妖術を仕掛けた妖術師が誰なのか占いを行い、託宣が下され犯人が告発されます。通常、ほとんどの場合、同じ地域コミュニティに暮らす隣人が告発されます。ちなみに、告発された人物は、たいていい非常に驚きます。というのも、妖術は無意識に発動する、とされているからです。

妖術師の告発を受けた人物は、これ以上被害がでないように、妖術を解く儀礼を受けることになります。ほとんどの被疑者は、これに素直に従います。というのも、妖術は無意識の犯行であるため、本人の自供や否認など、そもそも不要であり無意味だからです。さらに、妖術師とされた本人は、次に自分が復讐の妖術を受ける危険があるため、告発してくれたことに感謝さえします。

ここまでの説明だけでは、われわれが暮らす近代社会とはほど遠い、まさに別世界の話のように感じられたかと思います。しかし、妖術師として告発される人物をよく見ると、トラブルメーカーや道徳的に好ましくない行動をする人物など、コミュニティの平穏を乱す排除したい隣人となっています。このため、当該人物の行動が社会の許容範囲を超えていることを、妖術師として告発することによって、本人に警告する役割を果たしているのではないか、とも推察できます。簡単に表現すれば、妖術師としての告発は、やっかいな隣人に、「みんな我慢の限界だぞ、いい加減にしないと、そろそろ本当に酷い目に合わせるぞ」、との警告なのではないかというわけです。

このように、一見不合理に見える異文化の世界観も、当該社会の現実の生活実践を形作り、一定の役割を担っているのです。なおこうした異文化の理解は、「機能主義（functionalism）」ないし「構造機能主義（structural-functionalism）」と呼ばれる、イギリスの社会人類学が提唱した社会理論に基づくものです。簡潔に説明するならば、どんな社会の要素も、当該社会のなかで、一定のなんらかの役割を果たしている、という考え方です。

ところで、妖術師としての告発といった遠回しな警告に、どこまで実効性があるのか、と疑問に思われるかもしれません。しかし、人間は、一人では生きてゆくことが基本的にはできません。警告は、コミュニティからの物理的・社会的排除を意味するため、当事者に相当な圧力になり、社会関係を維持する一手段として十分機能しえると予想されます。

科学が描く世界観

妖術が機能するアザンデ社会の世界観を確認しましたが、この結果を踏まえ、改めて近代社会を振り返って検討したいと思います。われわれが暮らす近代社会は、「科学」ないし「科学的思考」が極めて支配的な力を有しています。このため、近代社会の世界観も、科学が形作っています。たとえば、われわれは、日本列島の地理的位置を問われた時、世界地図や地球儀を思い浮かべるのではないでしょうか。まさにそうした想起こそが、科学知識や科学技術に根差した、近代社会の世界観の反映にほかなりません。

これに対して、世界地図や地球儀は、非近代社会の「間違った世界観」などとは違い、「正しい世界の実体」だ、といった疑問や反論を抱かれるかもしれません。しかし、そうした想いこそが、近代社会における科学の強力な支配といえます。言い換えるならば、一種の信仰ともいえる、科学に対する絶対的な信頼です。というのも、世界地図や地球儀の日本列島の地形や位置の正否を検証するためには、宇宙空間からの観察しか方法はありませんが、そんな体験をした人物は二一世紀の現在も全人類のなかで極々一握りしかおらず、ほとんどの人びとはただ「科学は正しい」と信じているに過ぎないからです。

にもかかわらず、われわれは、世界地図や地球儀は正しく、「世界は平らで海の果ては滝になって落ちている」などという「間違った世界観」とは違う、と心の底から信じています。実際に見てもいないのに、科学が提示するものが世界の真の姿だ、というのが信仰とどう違うというのでしょうか。

それでも、「いや信仰とは違う、人工衛星が打ち上げられた結果、実際に撮影された衛星写真によって、世界地図や地球儀の地形が正しいことが証明されたじゃないか」、と反論したくなるかもしれません。でも、それを科学に対する絶対的な信頼を共有していない人びとに主張したところで、その写真が「真の世界の姿」と一体全体どうやって受け入れてもらえるでしょうか。われわれが、「間違った世界観」に基づく想像図を一笑に付すように、相手側も衛星写真に対して、同じ反応をしないなどと断言できるでしょうか。

ちなみに、アメリカ合衆国のキリスト教原理主義者の一部には、地球の衛星写真をフェイク画像だと主張する人びとが存在しているそうです。またそもそも、衛星写真が撮影されるまでは、近代社会では世界地図や地球儀をただ信じていたことになります。

いずれにせよ、われわれが知識として有する「正しい世界の姿」も、科学という知識と技術が形作った世界観であることに、基本的には変わりはないのです。もし本質的な違いがあるとすれば、神話や宗教は疑いをはさむ余地がなく、世界や宇宙の真理を断定的に説くのに対し、科学は世界や宇宙の真理を解明するため、自ら真偽を検証し間違いを修正する、という点に根本的な違いがある、と理念的・科学哲学的には説明できます。

現実社会を基礎づける科学

近代社会において、科学は、世界観を形作る非常に強力な知識でした。そもそも、この世界や宇宙の現象は、すべて自然界の物理法則に従って生起している、などという「常識」そのものが、物理学をはじめ自然科学が依拠する大前提にほかなりません。

また近代社会では、宗教や迷信などに基づく知識や思考を、「非科学」的なものとして排除する傾向が一般にあります。このため、特に公の場では、科学ないし科学的思考が、唯一で絶対の説明原理となりうることが多々あります。

むろん、思想や信仰の自由は、近代社会において、最も重要な基本的人権の一つと見なされています。とはいえ、これは個人の精神のなかでの自由であり、公の立場で自由に行使できるわけでは必ずしもありません。たとえば、政治家が占いで政策を決定したり、あるいは公益法人の経営者が人種差別思想に根差した宣伝をしたり、はたまた医師が自らの信仰心に従い生死の判断をしたり、などといったケースが許されるか想像してみてください。おそらく、そうした意思決定や行動は、激しい非難にさらされるとともに、なんらかの法規に抵触するものともなるでしょう。

なお誤解がないよう一言加えておくと、世界観が現実社会を作り上げていたとしても、当該社会に暮らす個々人が、その世界観を必ずしも全面的に信じているとは限りません。近代社会でも、前述のキリスト教原理主義者のように科学を全面的に否定し、特定の信仰や疑似科学を信じている人びとがいます。またそこまで極端ではなくても、科学的に否定ないし証明されていない、神や霊魂の存在を信じている人の数は少なくはありません。

アザンデなど非西欧近代社会でも、比率こそ違うかもしれませんが、似たようなものだと思います。アザンデ社会のなかにも、妖術を信じていない、あるいは特定の事例に関して疑っている、という人物は一定数いると考えるべきです。社会を構成する全員が、同じ思想や価値観を信じているなど、むしろ現実にはありえないファンタジーにほかなりません。もっと厳しくいえば、自分たち近代社会の住民には個々人の多様性があり、非西欧近代にはそれがなく「妖術」などを全員が信じている、との思い込みこそが自民族中心主義的な偏見にほかなりません。

宣託としての科学

世界観は、個人が信じるか否かにかかわらず、現実社会に強い影響を及ぼします。近代社会では、科学や科学的思考が唯一で絶対の説明原理である、との世界観で実社会の多くが営まれています。たとえば、個人が科学を否定し、その代わりに神や幽霊などを信じていたとしても、裁判などでは、そうした個人の信条は基本的には考慮されず、科学的な知見を基に法律に則った裁定が下されます。

裁判におけるＤＮＡ鑑定を具体事例として、科学の近代社会における強い支配力を説明したいと思います。ある刑事事件の裁判で、被疑者が黙秘か否認し、目撃者もいないものの、犯人が遺したとされる遺留品のＤＮＡが、被疑者と一致した場合どうなるでしょうか。その被疑者は、ほぼ有罪となるでしょう。というのも、日本を含めた近代社会では、被疑者の自白や第三者の目撃証言よりも、はるかに物証に基づく科学的捜査の結果が最優先されるからです。

われわれにとっては、常識的かつ理想的な判断に思われますが、もしこれをアザンデなど非西欧近代社会の人びとの目から見たならば、どのように映るか文化相対主義の視点から想像してみたいと思います。

「ＤＮＡが一致した」といわれても、それがなんのことだか、どこで誰が調べたのか、科学的知識のない人びとには、さっぱりわからないと思われます。このため、裁判の判決に納得している、近代社会の住人に「ＤＮＡとはなにか？」、「その検査はどのように行われるのか？」、「それはどこで誰が行っているのか？」などの質問を矢継ぎ早にしたとしましょう。しかし、われわれ近代社会の住人は、これらの問いにどこまで答えられるでしょうか。おそらく、生化学によほど詳しい知識がある人物か、遺留品の科学捜査の関係者でもなければ、「よく知らない」、「詳しくわからない」、としか答えられないのではないでしょうか。

もしわたしが、アザンデや非近代社会の住人であったならば、「誰もがＤＮＡ判定なるものに対する十分な知識がないようだ」、「そもそもその方法も論理もよくわかっていない」、「しかもどこで誰がどう行っているのか基本的なことさえも知らない」、「とにかく「科学的な証拠」ということで皆が全面的に信頼しているようだ」、と結論づけることでしょう。その上で、「どうも近代社会の住人たちは、科学などというよくわからないものを、そのお告げというだけで信じるようだ、なんて信心深い人たちなのだろう」、「でもそんな訳のわからないもので、もし自分が罰せられたらゾッとするな、近代社会に生まれなくてよかった」と考えた可能性が高いと思います。

異なる世界観の同じ役割

こうした思考実験は、われわれが見過ごしてきた、あるいは見ないふりをしてきたことを、色々と思い起こさせてくれるのではないでしょうか。なかでも、次の二つは、非常に重要な気づきを与えてくれます。

まず一つは、前述のシミュレーションは、近代社会のわれわれが、アザンデの妖術などの非西欧近代社会の慣習に対して、ついつい思ってしまうことではないでしょうか。実際、前述の文章の「DNA」や「科学」の部分を「妖術」に置き換えれば、そのまま成り立つのではないでしょうか。

いま一つは、結局、どんな知識であれ、それぞれの社会が信じるに足るものとして世界観に位置づけ、その影響を受け実社会が営まれている、という点で近代社会も非近代社会も基本的には変わりはないことです。世界観などというと、現実社会とは無関係な、どこか別世界の話のように思われたかもしれませんが、近代社会も決して例外ではないのです。

ところで、近代社会において唯一絶対的ともいえる信頼を得ている科学ですが、決して常に正しい真理を提供するとは限りません。科学は、真理を明らかにするための知的営為であり、その到達の過程では間違いを犯すことを織り込んでいます。言い換えれば、試行錯誤を繰り返すなかで、最終的に「世界の真理」に到達を目指すのが、科学の営みといえます。したがって、「科学は絶対に間違えない」などと主張する人物がいたとすれば、それは科学者ではないでしょう。科学の進歩とは、全知全能ではない人間が、「世界の真理」にわずかでも近づくための、気の遠くなるような歩みにほかなりません。

このため、先に事例としたＤＮＡを用いた捜査も、過去と現在では、その正確性に天と地ほどの差があります。現在、日本の警察庁が採用しているＤＮＡ型鑑定は、四兆七〇〇〇億人に一人という確立で個人が特定できる、という精度になっています。しかし、ＤＮＡ型鑑定の開発当初は、二〇〇分の一程度の確率だったようで、長年の科学技術の発展によって精度が高まったことがわかります。

ここで問題なのは、精度の低かった時代に用いられていた場合、冤罪になりうる危険性が、現在よりもはるかに高かったことです。実際、近年の判例で、過去の鑑定結果の精度が疑わしいことから証拠として退けられ、逆転無罪になったケースがあります。ただ重要なことは、冤罪であったにもかかわらず、当時も現在と同じように、科学的捜査に全幅の信頼をおいていたことです。そういった意味で、近代社会による科学の扱いもまた、真理の探究という本質を無視したものであり、妖術や宗教とさして変わらないように思えます。

異なる世界観は共約不可能か

世界観は、単なるイマジネーションなどではなく、実社会を強く規定し、基礎づけていました。そのため、世界観の違いは、社会のあり方を異なるものにしていました。これが文化の違いが、社会の違いとなる、ひとつの理由であり実体ともいえます。

ところで、世界観の違いは、「共約不可能性（incommensurability）」によって分断されているのでしょうか。共約不可能性とは、科学哲学などの分野で使われる用語で、ふたつの異なる知識体系の間で、相互に理解や解消できない断絶がある、という状態をしめすものです。簡単にいえば、異なる世界観の間が共約不可能ならば、異文化社会は互いにわかり合えないこととなります。

しかし、近代社会も非近代社会も、どちらも世界観が現実社会に影響を与えている、というあり方は同じであり、その構造を理解すれば必ずしも共約不可能ではなくなります。くわえて、アザンデ社会と近代社会の違いは、確かに妖術と科学ではありましたが、それぞれに類似の概念や知識がないわけではありません。

既に指摘したように、アザンデの人びとは、なんでもかんでも妖術のせいにするわけではなく、災厄には物理的・自然的要因があることを知っています。またそうした現地の知識は、決して軽視できるものではありません。というのも、非近代社会の人びとの自然環境に対する知識は、当該地域で生存し生活を営むためのものであり、近代社会の自然科学にも匹敵する有用性を持っています。ちなみに、こうした非西欧近代社会の知識体系は、「民俗科学（ethno-science）」と呼ばれています。

アザンデ社会にも、近代社会の科学に対応する知識があることを確認しました。では、近代社会には、妖術に対応する概念などあるのでしょうか。カルト教団の信者など、極々限られた例外を除けば、近代社会には、妖術に対応する概念などないように思われます。

しかし、本当にそうでしょうか。アザンデの人びとは、科学的には時空間の偶然性としか答えようがない、「なぜその時、その場所で崩壊したのか?」という問いに答えるために、妖術を用いていました。こうした問いは、近代社会に暮らすわれわれも、自身や身内に不幸があった時、同じように発するのではないでしょうか。またその切実な問いを、偶然性で割り切れるでしょうか。

こうした問いに対して、われわれは、「不運」や「運が悪かった」と、科学的にはまったく意味のない言葉を用いて、少しでも気持ちを納得させようとします。さらに運や不運は、近代社会のなかに、信仰や占いなど科学とは相容れない、非科学的で不合理な実践を維持させる要因となっています。日頃、信仰心などない人物でも、受験や手術などの重要なイベントの前に、運を引き寄せたり、不運を避けるため、寺社に詣でて神頼み、お祓い、お守りを買うなど、科学的には無駄なことをします。

アザンデ社会の妖術と近代社会の運や不運との間には、概念面

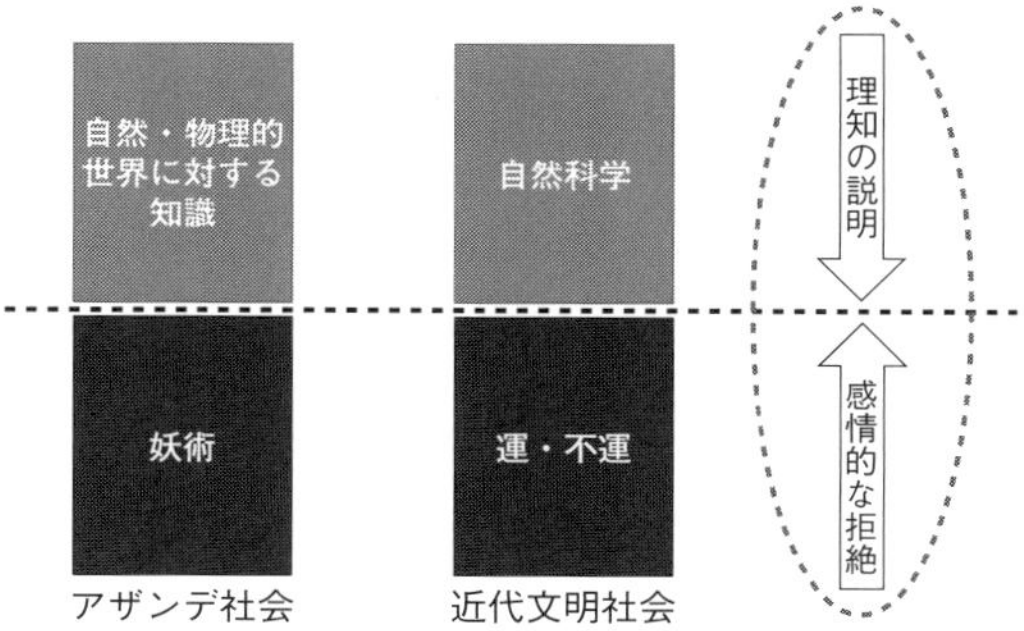

自然・物理的世界に対する知識
妖術
アザンデ社会

自然科学
運・不運
近代文明社会

理知の説明
感情的な拒絶

図6－2　災厄・不幸に対する心理的対応

でも実践面でも相当な違いがあり、代替可能とまではいえません。ただ近代社会の住人であるわれわれも、妖術が信じられる世界観を、まったく理解不可能と切って捨てるほど、合理的で科学的な思考のみで日々を暮らしているわけではないようです。

であるならば、世界観の違いは、決して乗り越えられないものではなく、共約不可能ではないでしょう。ただそのためには、異なる世界観のロジック（論理）を理解するとともに、自らの世界観のロジックを相対化することが不可欠となります。これが実践できなければ、異なる世界観の間には断絶や否定しか選択肢がなくなってしまうでしょう。

第七章　知識と感覚のバイアス

文化的能力としての知識

知識とは、遺伝的能力だけでは生存すらままならない人類が、さまざまな自然環境のなかで暮らして行くために作り出し、獲得した文化的能力にほかなりません。文化的能力としての知識は、人間の身体の遺伝的限界や自然環境の物理的制約を超えて生存するために、人類が生み出したものといえます。

人類は、地球上のさまざまな環境に進出し、各地域で生活を営み社会を育んできました。また第三章でも確認したように、時には自然環境さえも、自らの生存や生活にとって、都合が良いように改変してきました。こうした人類史上の環境との相互関係を、個人の身体レベルで捉えるならば、文化的能力としての知識の賜物にほかなりません。

いっぽう、人間は、ありのままの環境に対峙しているわけではなく、第六章で検討したように世界観やコスモロジーを創造した上で、そのなかで生活し社会を営んでいました。また世界観やコスモロジーは、日常生活や社会を営むために、それぞれの社会が構築し採用した知の体系でした。

ところで、異文化理解とは、当該社会における衣食住などのライフスタイルにはじまり、そこで暮らす人びとが、どのような慣習や価値観に根差し日々の生活を営んでいるか、明らかにすることにほかなりません。とすれば、異文化理解とは、当該社会の人びとの生活を支えている、知の体系の理解と言い換えることもできます。実際、文化人類学では、第三者が外面的に知りうる「エティック（etic）」にとどまらず、調査対象とした現地の人びとの当事者の視点である「イーミック（emic）」の理解を目的としています。

いずれにせよ、遺伝的能力だけでは生命、生存、生活を維持できない人間にとって、文化的能力として獲得される知識は、自らの生を左右する必須要件となります。このため、知の体系を理解することは、異文化社会のみならず、人類社会そのものの理解にもつながる、と見なすことができます。

土着の科学

近代社会において、最も影響力のある知の体系は科学であり、われわれの世界観そのものを規定していることを、第六章で確認しました。ただ科学的とされる知の体系は、必ずしも近代社会のみに特有のものではありません。非西洋近代社会においても、自然環境の観察や体験などを通して、近代科学によっても検証、承認しうる知識が少なからず存在しています。そうした知識は、当該集団・社会が自らを取り巻く自然環境のなかで生存、生活するため経験的に作り上げたもので、前章でも指摘したように「エスノサイエンス」とも呼ばれます。

最初に述べたように、地球上のさまざまな環境には、さまざまな文化をもった人間集団がいて、それぞれ独自で固有の世界観や自然観をもちながら暮らしています。このため、当該環境のなかで生きる人びとは、自らを取り巻く自然を認識し、分類し、利用して暮らしを営んでいます。当該社会の人びとが、身のまわりに生きる動物や植物、あるいは地形などの自然要因を、どのように認識し、分類し、命名しているか、という近代科学とは異なる知の体系を、「民俗分類（folk taxonomy）」や「民俗知（folk knowledge）」と人類学の関連分野などでは呼び、研究対象としてきました。

こうした分類や知識は、当該地域で生活するための、具体的な目的のために使われ、社会の営みを支えてきました。なお民俗分類や民俗知が使われる目的は、衣食住をはじめ医療や工芸といった実利的な技術的実践のみならず、儀礼や信仰などの象徴的実践も含まれています。また象徴的実践に対する知識や分類のなかにも、地球と金星の相対的位置が同じになる会合周期までも明らかにしていたマヤ暦のように、近代の天文学にも匹敵しうるものもあります。これらの分類や知識は、それぞれ「民族植物学（ethnobotany）」、「民族医学（ethnomedicine）」、「民族天文学（ethnoastronomy）」などのように、エスノサイエンスの一つと見なしうる体系を形作っている場合があります。

色と模様の民俗分類

エスノサイエンスとされるものが、現実世界でどのように用いられ、どんな役割を果たしているか、日本の生態人類学者福井勝義による、エチオピア西南部に暮らす牧畜民ボディの色彩を対象とした、民俗分類の研究を事例として検討したいと思います（『認識と文化』東京大学出版会、一九九一年）。

福井は、ボディの人びとの色彩認識を明らかにするため、九八枚の色彩カードを持ち込み調査しました。この結果、ボディの人びとには、八つの色彩の基本語があることが明らかとなりました。他方で、それらの色には、現地語で血縁関係を意味する「ガニヤ」によるグループ分類がなされ、たとえば特定の色と色を「ゴニゲ（兄弟）」や「プルン・コナ（同母兄弟）」といった――人間のような――血縁関係にある、と認識していることがわかりました。さらにボディの人びとは、色彩のみならず、模様に関しても、詳細で豊富な認識を有していることもわかりました。

では、なぜボディ社会では、色彩に血縁的な近縁関係が認識されていて、また模様に関しても詳細で豊富な認識を有しているのでしょうか。その理由は、ウシの毛の色や模様と密接に関係しています。牧畜民であるボディの人びとは、数多くのウシを飼っているのですが、その一頭一頭の毛の色や模様を覚えていて、瞬時に個体を見分けることができます。ここから、ボディの人びとの色彩と模様の認識は、まずウシを詳細に見分けるための毛の色や模様の分類が先にあって、その影響の下に形成されたと考えられます。

いっぽう、ウシの名前は、毛の色彩や模様に由来していて、さらに「同じクラン（氏族）」を意味する、「カブチョッチ・コナ」という表現でグルーピングされています。ウシの毛の色や模様に、人間のような同族関係が見なされていることは、無根拠で恣意的な当てはめなどではなく、ウシの交配を何世代にもわたって観察してきた経験に裏づけられています。

具体的には、ボディの人びとは、自らが所有するウシの系譜を、何世代にもわたって記憶するなかで、どんな色と色、どんな模様と模様を交配させれば、どんな色や模様の毛のウシが生まれるか知っているのです。このため、同族にグルーピングされている色や模様は、決して比喩などではなく、そうしたウシの交配に関する経験則に根差した知識に基づいているのです。とすると、色と色に人間のような血縁関係を当てはめているのも、このウシの交配に基づく知識に由来していると考えられます。生物の形質的——つまり外見的——特徴は、近代科学によって、遺伝的に決定されていることが明らかになっています。ただ「メンデルの法則」として、その名を遺すグレゴール・ヨハン・メンデルが、エンドウマメの交配実験に基づき遺伝法則を発見するのは、一九世紀後半の一八六五年のことです。

しかし、ボディの人びとは、近代科学が遺伝法則を明らかにするのとは別に、自らの生活経験を通して、家畜として飼っているウシの毛の色や模様には、交配や血縁関係によって発現にパターンがあることを知っていたのです。ちなみに、ボディの人びとの知識は、現代の遺伝学の結果ともほとんど一致することが確認されています。ボディの人びとのウシの毛の色や模様に関する知識は、近代科学によって追検証できるレベルで遺伝法則を正確に捉えており、まさにエスノサイエンスと呼ぶにふさわしいものだといえます。

エスノサイエンスの「正しさ」とは?

もっとも、現地の人びとにとっては、こうした分類や知識は他から独立しているわけではなく、あくまでも目的とされる生活実践に用いることが前提となって継承されています。ボディの人びとにとって、ウシの毛の遺伝法則は、家畜を飼育し、繁殖させるなかで培われてきた知識にほかなりません。エスノサイエンスなどと価値づけているのは、外部者のエティックに過ぎず、現地の人びとのイーミックではないことに注意が必要です。

エスノサイエンスには、その「正しさ」が近代科学的に検証、承認されるケースだけではなく、むしろ正否が検証できない、あるいは否定されるものも少なからずあります。たとえば、漢方薬は、中国・東洋医学の処方・医療であるため、非西欧近代社会のエスノサイエンス、民族医学と見なすことができます。漢方薬のなかには、近代医学でも薬理作用が検証され、効果が認められているものも数多く、また抗生物質などの西洋医薬が服用できない患者に、同じ効果のものを特別に処方する医師や病院なども存在します。

とはいえ、漢方薬のなかには、医学的な効果がまったく認められないものも、決して珍しくありません。江戸時代の長崎には、漢方の万能薬との触れ込みで、エジプトからミイラが輸入されていたそうです。ミイラの防腐剤に使われた有機物質には、医学的効果があるため一概には否定できない、との主張も一部にはあるようですが、衛生面などを考えると感染症のリスクの方がはるかに高いことは間違いありません。

近代科学によって承認されるものだけを、エスノサイエンスと見なし、それ以外を呪術や迷信などに同一視しうる、非西洋近代社会の伝統的で慣習的な不合理な知識と切り捨てるだけでは、西欧近代的な視点に基づく外部からの一方的な評価、価値づけに過ぎないでしょう。このため、エスノサイエンスを含めた民俗知の意義や役割を、当該社会の文脈に位置づけ検討するとともに、近代科学に関しても絶対視することなく、その性格を相対化したいと思います。

生活実践としての民俗知

民俗知は、日常の生活実践と分かちがたく、直接的でダイナミックな関係を取り結んでいます。簡単に説明すれば、民俗知は、生活実践を行うための具体的な目的のために習得され、継承されているといえます。一見あたり前の指摘のように思われますが、近代科学とは異なる性格となっています。近代科学は、基礎研究と応用研究が分かれているように、必ずしも応用を前提としているわけではありません。実際、近代社会における学校教育は、「将来のため」などとは語られますが、学ぶことそのものが目的化されています。

くわえて、民俗知の習得は、具体的な社会生活と不可分に結びついていることから、生活実践を通して経験的に学び取られます。このため、民俗知の習得は、通常多くの場合、無自覚になされます。これは知識そのものを学ぼうとするのではなく、日々の生活のなかで目的とする実践ができるようになる機会や仕組みのなかに、その習得が組み込まれているからにほかなりません。

具体的には、家族や年長者、あるいは熟練者などの作業の手伝いや交流などを通して、当該社会で生活実践を行うためのさまざまな知識が、結果的に学び取られることになります。こうした学習は、われわれが暮らす近代社会のなかでも、実体験できることではないでしょうか。日常生活を営むための知識のすべてが、学校教育で学んだものなどとは、誰も思いはしないでしょう。なによりも、母語とする第一言語は、われわれ全員が例外なく、日常生活を過ごすなかで無自覚に習得する代表事例にほかなりません。

ところで、民俗知の性格は、科学とは異なる反面、近代社会に暮らすわれわれが有する一般的な知識とも共通していることを確認しました。むしろ、近代社会を含めた日常生活を通して習得される知識全般に対して、科学が異質な知識と見なすべきかもしれません。

科学の特殊性

近代社会は、科学ないし科学的思考が、非常に強い力を持っています。第六章でも確認したように、近代社会に暮らすわれわれの世界観やコスモロジーは、科学が中核的な基盤となって成立しています。もっとも、近代社会の世界観のなかにも、科学以外が完全に排除されているわけではなく、宗教や政治信条などに立脚している部分があります。民主主義の大前提ともいえる、個人の自由意思に基づく選択などは、近代社会に共有の価値観といえます。また神や霊魂、死後の世界が、どれほど科学的に実証できなかったとしても、また個々人が信じているか否かは別としても、オカルトの語りや創作物は、世界中にあふれかえっています。

とはいえ、これも前章で確認したように、近代社会では、公の場では科学や科学的思考が、日常の知識に対して優越し、支配的な地位を占めていることは疑いようがありません。それゆえ、科学に相反する判断や意思決定は、非合理的なものとして、個人から社会の幅広いレベルで否定や棄却される傾向にあります。前述の事例で説明するならば、どれほど自由意思や信仰心を尊重したとしても、感染症の大流行のなかで、医学的に根拠のない主張や振る舞いをしたならば非難を受け、法的な制約をかせられる可能性が高いでしょう。

では、近代社会において唯一絶対の真理のように位置づけられている、科学や科学的思考とは、どのような知識なのでしょうか。科学に関しては、さまざまな定義がありますが、ここでは民俗知を含む日常の生活実践の知識との比較によって、その特殊性を明らかにしたいと思います。

まず科学は、日常生活から自立した独自の知的営為です。民俗知など他の知識と異なり、科学は、生活実践を直接的な目的とせず、やや大げさな表現にはなりますが、純粋に真理の解明そのものを目的としています。またその他の知識が、目的とする生活実践ができていれば、その正否を問わないのに対し、科学は、自らの知識が正しいか否か、自己検証を繰り返し精度を高めます。こうした性格を確認する限り、科学は、日常の生活実践のための知識に比べ、かなり異質な性格を有していることが、改めて理解できるのではないでしょうか。

科学と民俗知の共業

科学は、応用を前提としない、日常生活から自立した知的営為ではあるものの、数々の技術革新の基となり、人類社会に多大な影響を及ぼしてきました。このため、科学に対する信頼と期待は、現代社会において非常に大きいといえます。しかし、個人から人類全体まで、人間が直面する社会課題は、科学だけで解決できる余地はあまり多くはありません。差別や人権侵害、戦争や経済危機など、現代社会が直面する諸問題を思い起こしてみれば、科学だけでは到底解消も解決もできないことが理解できるのではないでしょうか。

この理由は、科学では解消や解決ができない、人間の不合理な社会文化的要因が絡んでいるからにほかなりません。たとえば、地球温暖化の解決方法は、二酸化炭素の排出量の抑制という解決策が、既に科学的に提示されています。ですが、そうした科学的に「正しい」解決策は、エネルギーを使うライフスタイルを個人から世界全体が手放せない、という理由で推進できないでいます。さらには、社会課題のなかには、むしろ人間の価値観やライフスタイルなどに配慮しなければ、科学的知見を有効に使えない、という逆説的な状況も少なからずあります。

こうした現状を受け、特定の社会課題を解決するために、民俗知など「現地の知（local knowledge）」を理解し、科学的知見と共業させて行く必要が、今日強く認識されています。共業が必要とされるのは、まずどんなに優れた効果的な科学的知見であったとしても、当該課題に直面する現地の人びとに受け入れてもらえなければ意味がないからです。このため、現地の人びとに受け入れてもらえるよう、彼ら彼女らの既存の知識と対立を引き起こすことなく、科学的知見を上手く導入することが求められます。また民俗知などのなかには、科学的にも承認できるだけではなく、課題解決にとって学ぶべきものが少なからず存在しています。そういった現地の知識を、課題解決のために有効に活用するためにも、科学との共業が必要となります。

このような共業は、文化相対主義の実現のため相互理解を、文化の一つである知識を対象に行った具体事例と見なすことができます。そういった意味で、科学と現地の知の共業は、文化相対主義に基づく相互理解の実践にほかなりません。

五感の科学的基盤

もっとも、文化が人間に及ぼす影響は、時として相互理解など不可能ではないか、と思える側面にまで及んでいることも事実です。それは近代科学を含めた知識に関しても、決して例外ではありません。というのも、文化の違いによる認知のズレや差異が、知識にも介在しているからです。

認知とは、身体に備わった感覚器が受けた外部の刺激を大脳によって処理したもの、と生物学的に定義できます。人間は、身体機能のハンディキャップがなければ、視覚、聴覚、嗅覚、味覚、触覚の五感を有しています。生物種としての人間の身体は、遺伝的・生物学的な共通基盤に依拠しているため、個人差はあるものの、基本的な能力に大きな違いはありません。

いっぽう、認知の対象となる外部刺激は、物理的・物質的環境から感覚器が受容します。このため、感覚器が捉える外部刺激は、純然たる物理法則に基づく物質現象以外のなにものでもありません。なお人間は、精神疾患で幻覚や幻聴などを感じることはありますが、これは脳が作り出した現象であるため、外部刺激に対する感覚器での認知とは本質的に異なる生理的反応となります。

五感を感知する感覚器は、遺伝的・生物学的基盤に依拠しており、また認知の対象となる外部刺激が物理法則に基づく物質現象であるならば、科学的には人間の解釈などが介在する余地がないこととなります。とすると、人間の認知は、文化による違いはなく、基本的には同じなのでしょうか。

虹の色を数える

結論を述べるならば、人間の認知は、文化に大いに影響を受けます。その具体例として、虹の色を取り上げ、説明したいと思います。日本文化では、虹は七色であることが、ほとんど常識ではないでしょうか。

しかし、アメリカやフランスなどでは六色、ドイツでは五色、といったように虹は必ずしも七色とは認識されていません。ちなみに、近世期以前の日本や琉球の文献には、虹は「赤と黒」か「赤と青」の二色と記されているそうです。また他の文献では、三色や五色という記載もあるようで、日本でも江戸時代以前にさかのぼってしまえば、決して虹を七色とは認識していなかったようです。

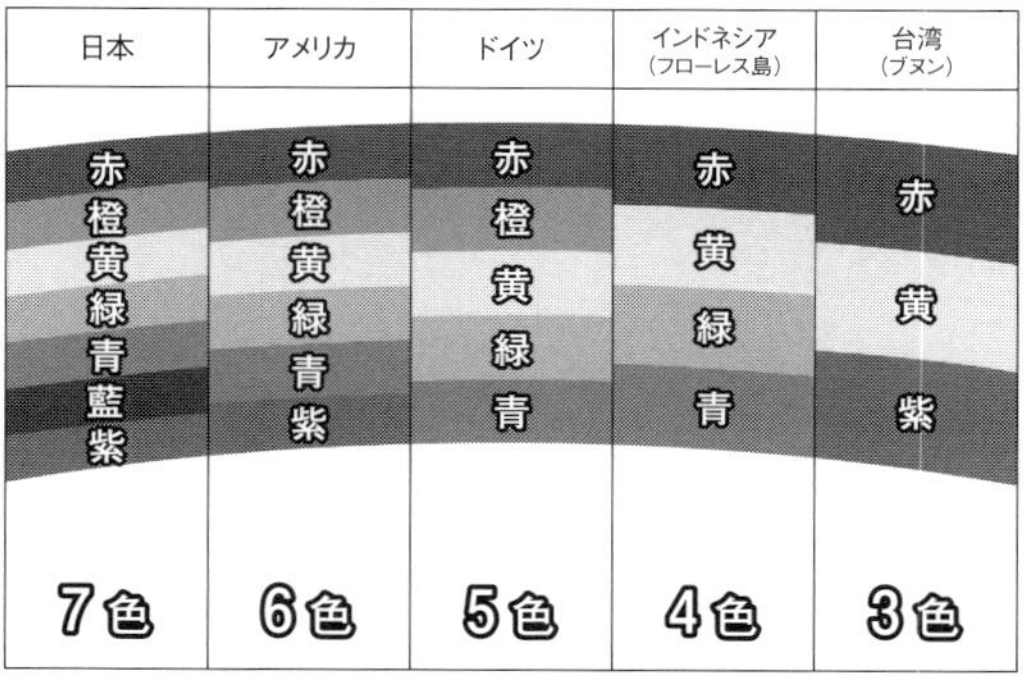

日本	アメリカ	ドイツ	インドネシア（フローレス島）	台湾（ブヌン）
赤	赤	赤	赤	赤
橙	橙	橙	黄	黄
黄	黄	黄	緑	紫
緑	緑	緑	青	
青	青	青		
藍	紫			
紫				
7色	6色	5色	4色	3色

図７－１　虹の色の数

（出典）2020/07/16　08：51　ウェザーニュース
https://weathernews.jp/s/topics/201710/310135/　を元に作図（一部改変）〈最終閲覧日：2025年１月10日〉

虹の色は、民族や時代により、つまり文化により大きく異なることがわかりました。では、どれが正しく、どれが間違っているか、と問われたならば、科学的にはどれも正しく、どれも間違い、としか回答できません。というのも、虹の色は、人間の視覚で捉えられる可視光線の連続体であるため、ほぼ無制限に色分けすることも、大まかにまとめることも可能だからです。要するに、虹の色とは、物理的・物質的には連続体である色彩を、人間が恣意的に色分けした結果に過ぎないのです。

文化の認知への影響

虹の色の違いを事例に、認知が文化によって異なることを確認しましたが、実はわれわれは、文化によって認知が異なることを、日常的な経験を通して、よく知っているはずです。そんなことを唐突にいわれても、まったく心当たりがない、と困惑されるかもしれません。

ですが、試しに味覚や嗅覚などを、思い起こしてみてください。「美味しいか不味いか」、「良い香りか悪い臭か」などは、個人の好みもありますが、文化によって違いがあることを、聞いたり実体験したことはないでしょうか。同じ料理を舌で味わったとしても、同じニオイを嗅いだとしても、その評価は文化によって相当に違いがあり、真逆の判断が下されたりもします。

さらには、こうした五感に基づく評価は、単なる価値観ではなく、感覚器と脳の生理的反応となるため、身体的に感知されるリアリティにほかなりません。たとえば、人間の舌には、「味蕾」という味を感知する感覚器があるのですが、実は辛味を受容する味蕾などなく、本当は痛覚として感知されているそうです。しかし、激辛料理を好む食文化の人びとにとっては、刺激的な――本当は痛みであるはずの――辛味は、この上ない美味に感じているのです。わたしの個人的な嗜好ではありますが、甘いカレーを美味しく感じたことはなく、むしろ不味さを通り越して気持ち悪くなった経験さえあります。

また有名な事例として、「秋夜の虫の鳴き声」をあげることができます。虫の「鳴き声」と表現されますが、これがスズムシやコオロギなど昆虫類の羽音であることは、よく知られていると思います。日本文化では、四季の変化を感じさせる風流な音色とされ、実際に日本文化に馴染んだ人物が聞くと、α波というリラックス状態にある脳波さえも発生することがわかっています。しかし、異文化の人びとにとっては、ただの虫の羽音以外のなにものでもなく、耳障りな雑音にすら聞こえることもあるようです。

以上のように、同じ物理的・物質的事象でも、五感で感じる認知には、文化の違いによってズレや差異が往々にして生じます。人間は、同一生物種でありながら、同じ物理的・物質的事象に対峙しても、異なる認知をしているのです。つまり、五感からなる人間の感覚には、文化というフィルターがかかっていることになります。

サピア＝ウォーフの仮説

では、人間の認知に影響を及ぼす文化のフィルターとは、具体的にどのようなものなのでしょうか。この問いに対する、ひとつの説得的な回答として、「サピア＝ウォーフの仮説」をあげることができます。

この仮説は、アメリカの文化人類学者のエドワード・サピアと言語学者のベンジャミン・L・ウォーフが提唱したもので、人間は使用する言語によって自らの思考に影響を受けるため、言語が人間の世界観の形成に深く関与する、という「言語的相対性原理（principle of linguistic relativity）」とも呼ばれる主張です（『文化人類学と言語学』弘文堂、一九九五年）。簡潔に述べるならば、言語の違いは、世界観の違いになる、という仮説です。また同仮説に従うならば、「現実世界」と思っているものの大部分は、言語習慣によって規定された観念の世界となります。

サピア＝ウォーフの仮説は、前述の虹の色をケーススタディにすると、比較的に理解しやすくなります。日本で七色とされる虹の色には、一般に「藍色」が入っていますが、この色を英語に翻訳しようとすると、上手く対応する単語が見つかりません。たとえば、「deep blue」や「indigo blue」などが候補として考えられますが、英語話者からすると、それらは色調の濃さや特定の植物の色で表現された青色と受

図７－２　サピアとウォーフ
左：Edward Sapir / public domain
（出典）https://commons.wikimedia.org/wiki/File:Edward_Sapir.jpg
右：Benjamin Lee Whorf
（出典）https://www.britannica.com/biography/Benjamin-Lee-Whorf
〈最終閲覧日：いずれも2025年１月10日〉

け取られます。なによりも、それらは青色の一部であり、虹を形作る他の色と同列には位置づけがたいでしょう。とすると、英語話者にとって、日本語で七色と教えられても、同じように認知することはなかなか難しいのではないでしょうか。

こうした英語話者の認知は、ボディのウシの毛色に当てはめると、われわれにも想像しやすくなります。ボディの人びとは、ウシの毛の色や模様を非常に細かく見分け、個体を特定することができますが、それ以上に色や模様を表現する豊富な言葉を持っています。こうしたボディの言葉を習得しなければ、同じ認知をして見分けることなど到底できないでしょう。こうした事例からも、科学を含めた知識にも、言語の違いが文化のフィルターとなって、認知に差異やズレを介在させる可能性がうかがわれます。

なおサピア＝ウォーフの仮説には、「強い仮説」と「弱い仮説」の二つがあります。強い仮説は、言語のない思想は存在しえない、という非言語的思想を否定するものです。弱い仮説は、言語が思想の一部に影響を与えるが、非言語的思想を否定しないものです。ただ非言語思想の有無は別として、言語は、文化のフィルターとして認知に差異やズレを生じさせ、世界観や知識などにも介在し影響を及ぼすことにかわりはありません。

文化の壁というフィルター

文化の違いは認知の違いであり、知覚されている世界は、どうも文化によって異なっているようです。とすると、世界観やコスモロジーの違いは、単に知識のみならず、五感による知覚の違いにまで及ぶ、非常に根深い差異である可能性がうかがわれます。

人間は、他の生物種と異なり、遺伝的・生物学的に同じ認知能力を有しながら、まったく異なる知覚さえするのです。五感までもが文化の影響を受け、その結果知覚される世界が異なる、こうした現実に直面してしまうと、異文化との相互理解など不可能ではないか、とさえ思えるかもしれません。

しかし、こうした短慮こそが、文化の誤解の落とし穴にほかなりません。文化は常に変化するものであり、人間という生物は、文化変容に極めて柔軟に適応します。日本食のグローバル化によって、世界の人びとは、あんなに嫌っていた生魚を喜んで食し、苦手だったワサビを味わうようになりました。日本の伝統食だったスシは、今やグローバルフードとなり、世界の主要な都市ならどこでも口にできるほどです。

そういった意味で、驚くべきは、人間の柔軟性なのかもしれません。人間は、文化という「色眼鏡」を通して世界を見ている、というのが文化人類学でよく使われる常套句です。また人間は、文化という色眼鏡を掛けなければ、世界を見ることができないことを、本書では確認してきました。ただし、この文化なる色眼鏡は、結構柔軟に掛け替えられるものなのかもしれません。少なくとも、変わることができるという可能性を忘れ、文化を絶対に外せない色眼鏡と思い込むことこそが、異文化の相互理解にとって最も危険な志向となることは間違いありません。

第八章　性をめぐる身体と社会

人間の性別

人間にとって身体の性は、他の生物と同じく、遺伝的に付与されたものです。もっとも、染色体異常によって、典型的な男女の身体に当てはまらない、性的特徴を持つ人物が生まれるケースが存在します。とはいえ、この場合でも、遺伝的・生物学的に規定されているといえます。

しかし、人間の性別は、決して遺伝的・生物学的要因のみによって規定できるわけではありません。こういうと、ＬＧＢＴＱに代表される、性的マイノリティの存在を思い浮かべられるかもしれません。むろん、自らが自認する性に対する意識と、遺伝的・生物学的な身体の性とのギャップに苦悩されている方々に思いを巡らし、性的マイノリティの権利を認め、少しでも生きやすい社会を実現すべきことの重要性はいうまでもありません。

ただこうした認識は、性的マイノリティのみに限定する、例外的な事例と見なしたものといえます。遺伝的・生物学的要因のみで、人間の性別が規定できないことは、性的マイノリティに限ったことではありません。文化は、人間の性別にも深く関与しているのです。

遺伝的・生物学的に規定される性である「セックス（sex）」に対し、歴史的・文化的・社会的に形作られた性を「ジェンダー（gender）」と呼びます。ジェンダーは、今日一般社会でも広く使用されるようになってきましたが、遺伝と文化の関係性が理解されているか、と問われればかなり心もとないのではないでしょうか。

二つの性差

人間の性別をしめす二つの概念、セックスとジェンダーについて、改めて整理、確認をしたいと思います。まず生物学的性差であるセックスは、遺伝的・生物学的な身体形質に基づく性の区別です。遺伝情報のなかで、性別の決定にかかわる染色体は、Ｘ型とＹ型の二種類あり、ＸＸの組み合わせで女性に、ＸＹの組み合わせで男性になります。

これに対して、文化的性差であるジェンダーは、社会的・文化的に作られた性別や性役割をさします。さらには、「男らしさ」や「女らしさ」、「女である」や「男である」という自覚や自己規定などの、性にかかわるアイデンティティなども含まれます。ジェンダーは、生まれつき先天的に付与されるものではなく、言語などを通しての文化情報の授受や、社会からの学び取りによって、成長する過程で形成されて行くと想定さています。

以上から、人間の性差は、まさに遺伝と文化それぞれによって、形作られていることが確認できます。セックスは、雌雄が存在する他の生物と共通していますが、ジェンダーは、人間のみに限定される性差の概念となります。ちなみに、人間の性差に関する概念に、「セクシャリティ（sexuality）」があります。セクシャリティは、人間の性に関わる行動や志向などの全般をさす概念で、セックスとジェンダーの双方を含んでいます。

性の文化差

生物学的性差であるセックスは、基本的に文化にかかわらず人類全般に共通しています。これに対し、ジェンダーは、文化によって違いがあります。この説明のため、アメリカの文化人類学者マーガレット・ミードが、ニューギニア島セピック川流域に暮らす三集団を比較し、文化による性差の違いを明らかにした著名な民族誌研究を紹介します（Mead, M. *Sex and Temperament in Three Primitive Societies.* William Morrow and Company. 1935）。

ミードは、ニューギニア島に暮らすアラペシュ、ムンドゥグモール、チャンブリという三集団を比較すると、「女らしさ」や「男らしさ」などと現地の人びとが表象する男女の気質や行動に、違いがあることを指摘しました。まずアラペシュの人びとは、男女ともに「母性的」に子供に接する、優しい「女性的」な性格していました。これに対し、ムンドゥグモールの人びとは、両性ともに攻撃的で激しく、「男性的」な性格をしていました。他方で、チャンブリは、女性

図８－１　ミード
Margaret Mead / CC-BY-SA-4.0
（出典）https://commons.wikimedia.org/wiki/File:Margaret_Mead_1951_SLNSW_FL16371554.jpg〈最終閲覧日：2025年１月10日〉

が「積極的」で「行動的」な性格なのに対し、男性は依存心が強く繊細で「消極的」な性格で、両性が正反対に「逆転」していました。

以上の評価は、あくまでも二〇世紀前半に調査したアメリカ人の知的エリートの女性である、ミードの目から見たものではあるものの、ニューギニア島の三集団の性差は、西欧近代社会の男女の性のあり方とは相当異なっていました。こうした結果を基に、ミードは、「女らしさ」や「男らしさ」などの性差は、遺伝的・生物学的に規定されるものではなく、文化によって後天的に形成されることを明らかにしました。

文化的性差の背景

ところで、上記の三集団は、ニューギニア島セピック川流域の比較的隣接した地理的範囲に居住しています。とすると、文化による性差は、どのような背景から生み出されるのでしょうか。この疑問に対し、育児様式と社会形態によって形成される、という回答がミードによってしめされています。

たとえば、アラペシュの人びとは、基本的に男女ともに温和で物静かであり、他人と争ってはいけないと子どもの時から教えられ、他人と競争することを非常に嫌いますが、この傾向は特に男性に顕著に認められます。他方で、ムンドゥグモール社会では、近隣の集団との戦いが絶えず、男性は一つのでも多くの首を狩ることが賞賛され、子供のころから闘争的であるように訓練されます。またチャンブリ社会では、経済的実権は女性が有しているため、男性は家事に従事していて女性に劣等感を抱きやすい状況にあります。

ニューギニア島の三集団それぞれを見る限り、確かに性差は、育児様式と社会形態によって形成されることが理解できます。いずれにせよ、男女の性差は、生得的に規定されるのではなく、社会的に習得される文化そのものといえます。

もっとも、こうした傾向は、同一社会の歴史でも認められます。日本社会でも、女らしさや男らしさなどは、時代によって変わり続けていますが、その背景には社会の価値観の変化が絡んでいます。ムンドゥグモール社会の事例などは、現代ではありえませんが、四〇〇年以上前の戦国時代だったらどうでしょうか。あるいは、運動会のかけっこで、最後には手をつないで一緒にゴールする幼児教育が、昨今議論を呼んだりもしました。過去は、まさに異文化であるとともに、男女の性のあり方にも影響を及ぼし、ひとつの社会のなかでも変化していることが確認できます。

女性優位社会の実在

ミードの研究は、人間の性差が生得的に決定されている、という考えを否定するものであったため、文化人類学にとどまらず広くジェンダー研究全般、さらにはフェミニズム運動や女性解放運動などにも影響を与えました。ただミードに対しては、ニューギニア島における当該民族誌調査を含め、事実誤認や解釈違いなどの疑問が複数しめされています。

とはいえ、ミードの研究の是非は別としても、人類社会には、ニューギニア島のチャンブリ社会のような女性優位社会が存在したことは事実です。北米大陸に暮らすイロクォイ連邦の一集団であるホピの人びとは、西欧近代社会では実現されたことのないような、権利を女性に認めていました。ホピ社会は、妻型居住をとる母系制社会であり、男は結婚すると妻の一族に「婿入り」し、子どもはすべて母親の集団に帰属していました。このため、世帯の中心は女性であり、基本的に男性は「よそ者」とされました。また同社会は、母系的に継承される男性首長によって統治されるものの、女性も任命権と罷免権を持っていました（LeBow, D. Rethinking matriliny among the Hopi. *Women in Search of Utopia: Mavericks and Mythmakers.* Schocken. 1984）。

国際的な非営利団体が、毎年ジェンダーギャップ指数を発表し、女性の社会進出と両性の格差を国別にランキングしていますが、この指数がそもそも男女の不平等の解消を前提にしています。こうしたこともあり、遺伝的・生物学的な筋力差などを根拠に、男性優位が人類社会のスタンダードと主張する暴論を時折目にします。ですが、それは近代社会の思い込みであり、女性が優位になる社会形態が世界の各所に少なからず存在していたことが、民族誌事例から確認できます。

もちろん、女性の権利を極端に制限している社会の民族誌事例も、同じように確認することができます。ただ気をつけるべきことは、どちらかがスタンダードで、どちらかが例外などということはないということです。男女のどちらが優位になるかは、あくまでも社会や世帯の政治的・経済的な権限をどちらが握るかによって決まるのであって、そこには遺伝的・生物学的要因は基本的に影響を及ぼしていません。

遺伝的に筋力が優れた人物が、社会で優位に立てるならば、力持ちは全員が、政治権力を握り経済的に豊かになっているはずです。こうした主張は、現実社会における複雑な権力性や富の分配をかえりみないものであり、あまりにも馬鹿げた検証に値しない暴論に過ぎません。とするならば、遺伝的・生物学的要因で、社会における男女の優劣を論じることも、同様に馬鹿げた暴論であることが理解できるのではないでしょうか。

異なる性を演じる

社会による性のあり方の規定は、遺伝的・生物学的性別さえも無視したものになる、という民族誌事例があります。つまり、「女」として振る舞う男性や、「男」として振る舞う女性が、それぞれ存在する事例です。

インドネシア・スラウェシ島のバレ・トラジャの社会では、男女の性分業は明確に区分されていました。男性の役割は、戦士となって共同体を眼に見える敵から護ることとされていました。これに対して、女性の役割は、司祭となって死霊や悪霊などの見えざる敵から共同体を護ることとされていました。このため、なにかの理由で戦闘に参加できなくなった男性は、女性の衣服を着なければならず、また女性の仕事である司祭になる修行をしました（ファン・デル・クルーフ，J．M．、「インドネシアにおける女装と宗教的半陰陽」、大林太良（編）、『神話・社会・世界観』角川書店、一九七二年）。さらには、こうした人物は、自ら「お父さん」のかわりに「お母さん」と呼ばれるのを望み、「おじさん」ではなく「おばさん」と呼ばれることに喜びを感じたそうです。

いっぽう、アフリカ・南スーダンのヌアー（ヌエル）社会では、自分が不妊症だとわかった女性は、若い女性と結婚しました（エヴァンズ＝プリチャード，E．E．、『ヌアー族の親族と結婚』岩波書店、一九八五年）。この婚姻は、定められた婚資を支払い、普通の男女の結婚と同様の儀礼を行い、正式な手続きを経て行われました。また「夫」となった女性は、通常、自分の父系親族のなかから男性を選び、自分の「妻」と性交渉をもたせ、その結果生まれた子どもの「父親」となりました。そして、「夫」や「父」となった女性は、社会生活においても、「男」として行動しなければなりませんでした。

こうした異なる性を演じる民族誌事例は、決して特殊なものではなく、世界中で報告があります。人類社会の性のあり方の多様性をうかがい知るとともに、いかに性別なるものが、社会的に付与されるものであるか、これらの事例から理解することができます。

自己抑制としてのジェンダーバイアス

人間の性は、文化によって形作られるがゆえに、社会や時代によって異なり多様なあり方に満ちあふれていました。ところで、性が文化によって付与され、社会的に規定されているとして、当事者は、どのように感じているのでしょうか。なによりも、バレ・トラジャやヌアーのような、異なる性を演じている人びとは、どんな自己認識を抱いているのでしょうか。

残念ながら、バレ・トラジャの「お母さん」や「おばさん」という呼称を望む事例を除くと、当事者の認識に関する記録はほとんどありません。もっとも、そうした当事者の発言記録があったとしても、どれほど本音が語られているか、究極のところ確認などできません。

ただそれぞれの社会の人びとは、文化的・社会的に規定された性を、疑問視することは極めてまれなのではないでしょうか。というのも、近代社会の性的マジョリティが、異文化の事例に驚くのは、通常自らの社会の性のあり方を疑わないからにほかなりません。さらには、近代社会の性的マイノリティが思い悩むのは、自らの暮らす社会の「あたり前」の性に合わせられない葛藤からです。

このように、自社会の性のあり方を自明視する指向は、これまで繰り返し確認してきたように、文化一般にいえることです。しかし、ジェンダーに関しては、二〇世紀の半ばまで、なかなか意識されることはありませんでした。

そのようななか、フランスの哲学者でありフェミニズム運動家でもあるシモーヌ・ド・ボーヴォワールは、「人は女に生まれない、女になるのだ」という言葉で、女らしさが社会的に生み出されたものであり、「女」という役割を押し付けられることへの社会批判を行いました（『第二の性＊』人文書院、一九六六年）。ボー

図８－２　ボーヴォワール
Simone de Beauvoir / CC-BY-SA-3.0
（出典）https://commons.wikimedia.org/wiki/File:Simone_de_Beauvoir2.png〈最終閲覧日：2025年１月10日〉

ヴォワールの指摘によって、社会のなかに張り巡らされた視線としての「ジェンダーバイアス」が意識されるようになりました。

ジェンダーバイアスは、社会のさまざまな場面でジェンダーに基づく秩序となり、それが結果として、無自覚な自己抑制を個人にせまることになります。たとえば、現代の日本社会において、「ドメスティックバイオレンス」の加害者が男性に多いのは、世帯の形態や収入が関係しています。というのも、もし世帯収入の主要な担い手が男性でなければ、もし核家族でなければ、女性や子どもが一方的に暴力を振るわれる状況が抑止されるでしょう。実際、母系制社会で女性の地位が元々低くなかったはずの、南太平洋のポリネシアでは、現金経済の浸透によって男性が主要な収入の担い手となり、また社会の近代化によって核家族化が進んだ結果、ドメスティックバイオレンスが急増し深刻な社会問題となっています。

いっぽう、「摂食障害」は、日本を含む近代社会では、圧倒的に女性が発症しやすい傾向にあります。この背景には、外見に対して自他のプレッシャーを感じるのが、まだまだ女性の方に偏っていることが指摘されています。近年報道されたことですが、アメリカのあるＩＴ企業の内部文章で、ＳＮＳの投稿が一〇代前半の女性に、自己の容姿に関して深刻な心理的悪影響を及ぼす可能性が把握されていたことがわかり、社会的な非難が向けられました。ルッキズム（外見至上主義）が社会問題となってひさしいですが、女性が外見で自他を評価され、それを気にさせられる社会環境が改善されない限り、摂食障害の男女格差が縮まることはないでしょう。

家族形態と生殖観

性のあり方は、ここまで検討してきたように、家族形態や社会制度と相互に影響を及ぼし合う関係にあります。その理由は、性がどのような役割を担うかによって、家族や社会の形が決まるからです。とりわけ、男女の社会的優劣は、家族や社会の基盤を規定します。このため、性のあり方は、個人にとどまらず、社会をも規定する要因となります。

南太平洋のトロブリアンド諸島民の社会では、新生児は死者の「バロマ（霊）」の生まれ変わりと考えられています（マリノフスキー，B. K.『バロマ』未來社、一九八一年）。またバロマは、通常母系親族の祖先の霊と見なされます。他方で、夫の役割は、「霊児」の入口を開けることとされ、生まれた子どもと父親の間には「肉体的つながり」があるとはみなされません。

なお子どもの法的・社会的・経済的責任を負うのは、母親の兄弟である「母方のオジ」で、父親には義務も権利もありません。このように、トロブリアンド諸島民の社会では、父子の「肉体的つながり」を排除することで、母系親族の連続性を強調しています。

これに対し、エチオピア南部の牧畜民ボラナ社会では、父系親族の系譜に強いこだわりがあり、子どもを持つことで父親の名前が記憶され系譜も連続して行きます。このため、子どもができない場合は養子をとり、たとえ夫が死んでも未亡人の産む子どもは、すべて亡夫の子どもとされ、さらには妻と愛人の間に生まれた子どもであっても、「本当の父親」はあくまでも女性の夫とされます（田川玄、「家族と親族」、奥野克巳ほか（編）、『文化人類学のレッスン』学陽書房、二〇〇五年）。

ボラナ社会では、母子には「肉体的つながり」はなく、子どもの肉体は父親の精液から作られるとされます。このように、同社会では、トロブリアンド諸島民とは真逆に母子の関係性を断つことで、父系親族の系譜を強調しています。

本当の親とはなにか？

女性が担う母系と男性が担う父系、それぞれどちらを――社会の最も基本的な単位である――親子関係で重視しているか、代表的な民族誌事例で確認しました。母系も父系もそれぞれを重視するあまり、近代社会に暮らすわれわれからすると両極端で、どちらに対してもリアリティを思い描けず、共感しづらい親子関係ではなかったでしょうか。なによりも、どちらも一方の性の親子関係を重視するあまり、もう一方の性との親子関係を否定する生殖観は、近代科学・医学とはまったく相容れないものでした。

ところで、文化人類学では、遺伝的・生物学的に確定される父を「ジェニター（genitor）」、母を「ジェニトリックス（genetrix）」と呼び、社会的手続きを経て承認される父を「ペイター（pater）」、母を「メイター（mater）」と呼び、それぞれを異なる概念と位置づけています。この二つの概念が必要となるのは、前述のように前・非近代的な民俗社会では、遺伝的・生物的父母と社会的父母が一致しないからにほかなりません。

もっとも、「真の親子」の関係を「血のつながり」と表現し、科学的に遺伝情報で検証するのは、あくまでも近代社会に限定される生殖観に過ぎません。そもそも遺伝情報で、親子関係が検証できるようになってから、実はまだ一〇〇年も経っていません。したがって、ジェニターとペイターが、ジェニトリックスとメイターが、それぞれ一致し生物学的血縁と社会的血縁がイコールとなるは、近代社会のみでしか成り立たない前提といえます。であるならば、生物学的血縁の有無によらず、社会的血縁を「本当の親子」関係と見なす社会が、数多く存在していることは、むしろそれほど不思議なことではないと考えるべきでしょう。

近代社会における家族のゆらぎ

遺伝的・生物学的に確定される親子を、「本当の親子」と見なすことなど、近代科学・医学がなければ、そもそも不可能であることを確認しました。ただし、これに関しては、男女で明確な違いが指摘できます。というのは、遺伝情報がわからなければ、親子関係が確定できないのは父である男性のみで、母となる女性に関しては自ら母体として出産するため、近代科学・医学などによらずとも、遺伝的・生物学的に実子か否かがわかるからです。やや意地悪な見方をすると、実子であるか否かを確認するために遺伝情報を欲したのは、男性の側であって、現生人類の出現のはるか昔から、女性には必要などなかったといえます。

しかし、遺伝工学による生殖技術の発展は、上記のような人類社会における「常識」をくつがえしています。具体的な事例として、体外受精と代理母出産をあげることができます。まず卵巣などに健康上の問題を抱える女性も、体外受精によって第三者の卵子を使って受精卵を作り、それを自らの子宮に着床させることで、子どもを出産することが可能となりました。また子宮に健康上の問題を抱える女性も、体外受精によって自らの卵子で受精卵を作り、代理母となる第三者の子宮に着床させ出産してもらうことで、自身の遺伝子を受け継ぐ子どもを授かることが可能となりました。どちらのケースも、先天的・後天的な病気などの理由で、子どもを授かることが難しい人びとの助けとなるものです。

いっぽう、こうした生殖技術の発展は、「生物学的な親」がダイレクトに「社会的な親」になる、という近代社会が自明視してきた状況をゆるがしています。たとえば、日本社会では、法律的に認められていないため、海外で代理母出産を依頼するケースがあります。ただその結果、卵子を提供した女性と生まれた子どもは、帰国後に特別養子縁組を申請して親子関係になるしか選択肢がないため、遺伝的・生物学的には「実子」と同じ遺伝情報を受け継いでいるものの、戸籍には「養子」と記載されることになります。

これに対して、第三者の受精卵を自らの子宮に着床させ出産することは、日本の法律で認められています。このため、もし卵子提供者が血縁関係になく、母子が遺伝的に親子関係にはなかったとしても、戸籍には「実子」と記載されます。もっとも、遺伝情報の共有がなかったとしても、母体となる女性は、決して比喩ではなく「骨身を削って」自らのお腹で子どもを育み出産することになります。ただ「生物学（遺伝）的親」＝「社会的親」という、近代社会の「常識」にはおさまらない、法的判断が下されていることが確認できます。

遺伝工学に基づく生殖技術は、決して大げさではなく、近代社会における既存の家族観や親子観を根底からくつがえす潜在力を秘めています。なによりも、遺伝情報など必要がなかった女性にも、「実子」や「実の親子関係」とはなにか、という問いをせまっています。

イデオロギーとしての科学

遺伝子操作によって、デザイナーベイビーなどと呼ばれる、親が望む外見や体力・知力などを持つ子どもさえ、生み出すことも可能となっています。こうした生殖技術の商品化は、倫理的な是非は別として、今後ますます進んで行くことが予想されています。この結果、家族や親子の関係も、人為的に操作できる時代に差し掛かっていることは疑いありません。

もっとも、遺伝的・生物学的な関係――日本の慣用句に従えば「血のつながり」――が、親子や家族の「自然なあり方」と見なす、既存の考えもまた改めるべきではないでしょうか。親子や家族の愛情は、決して遺伝子によって生み出されるものなどではなく、人と人との関係性が育むものです。遺伝的につながりがあっても、親子間や家族間での悲しい事件が引き起こされています。また遺伝的なつながりがなくとも、愛情を育み幸せな家庭を営んでいる方々に、「本当の親子や家族ではない」などと「中傷」をしてもなんの意味もありません。

いずれにせよ、科学的にも社会的にも、既存の家族観が行き詰まるなか、新たな家族の形をどう構築するかが問われています。また性のあり方が変化するなかで、家庭や育児などに対する、男女の役割も見直しが進んでいます。さらには、性的マイノリティの方々が、少しでも文化的な性の抑圧から解放され、自らの幸福を追究できるような家族の形を、法的・社会的に構築して行くことが求められています。

そうした問題の解決は、少なくとも科学技術ではなく、社会的な合意形成によるしかないでしょう。そのためにも、性や親子・家族が科学的に規定できる、という呪縛から自らを開放する必要があります。男性中心主義も、父系制社会も、遺伝的・生物学的親子の優先も、人類社会の「あたり前」では決してありません。むしろ、近代社会は、科学を用いて、自文化の性、親子、家族、社会のあり方を、われわれに「自然」な「あたり前」と認識させてきたことを、改めて認識することが今こそ求められています。

参考文献

青木恵理子、「男と女」、米山俊直・谷泰（編）、『文化人類学を学ぶ人のために』世界思想社、一九九一年

第九章　社会が生み出す病

病気と文化の関係性

病気は、災害や飢饉などとともに、人類が対峙し乗り越えようと苦闘してきた、最大の困難の一つにほかなりません。黒死病とも呼ばれるペスト菌が病原の感染症は、過去に何度もパンデミック（世界的大流行）を引き起こし、一四世紀には世界人口の二二％の命を奪った、という推計が出されています。またそうしたパンデミックは、人類社会に甚大な影響を及ぼし、ひとつの社会構造の転換点となりました。

もっとも、病気は、個人にとっても重要な関心事です。病気は、健康であれば得られるはずの日常を奪い、人生の終焉を迎える原因となります。無病息災は、人類にとって切実な願いであるとともに、見果てぬ夢の一つといえるでしょう。

ところで、病気の対処と問われたら、やはり医学や薬学などの近代科学を思い浮かべられるのではないでしょうか。それ以上に、病気に関して文化的要因が関与しているなどとは、そもそも一般的には想像もされないでしょう。しかし、病気と文化は、非常に深い関係があります。たとえば、なにをもって病気と判断するのか、病気と健康はどこで線引きをするのか、などは文化的要因にほかなりません。

他方で、病気の治療や対処などの知識は、近代社会以外でも当然存在します。また非・前近代社会のそれらの知識は、民俗医学や民俗薬学などの地域文化として、当該社会で受け継がれてきました。そもそも、近代医学・医療なども、西欧近代社会における知識体系にほかなりません。病気と文化を無関係と思い込んでいるのは、近代科学を特別視する西欧近代社会の自民族中心主義と見なすべきでしょう。

病気とはなにか

ところで、病気とは、そもそもどのような心身の状態なのでしょうか。それこそ医学に判断をゆだねる、というのが近代社会に暮らすわれわれの常識かもしれません。病原体に感染していないか、循環器系や呼吸器系が正常か、内臓に疾患がないか、認知の機能に問題はないか、などは確かに病理学的に判断できます。

もっとも、上記の判断は、基本的に健康な生活を送ることができず、最悪の場合には命の危険にも至る、心身に生じた不具合の原因を科学的に明らかにした結果といえます。したがって、まず病気という結果があって、その原因を――治療や回復を目的として――究明するのが、近代医学の営為となります。

では、病気ではない健康とは、どのような心身の状態なのでしょうか。この問いは、病気以上に答えが難しいように思います。医学的に心身に問題がなければ、健康というのも違うような気がします。

たとえば、心身の不調を感じて、病院に行って診断したところ、医学的にはどこにも異常がない、という結果であったとすれば、やはり健康なのでしょうか。またそもそも近代医学がない民俗社会では、病気と健康は、どのように区分され、判断されているのでしょうか。そういった疑問を考えるほどに、病気も健康も、決して自明ではなく、まして医学的な判断だけで、明瞭になるような問いではないように思われます。

病いと疾病

病気をめぐる、近代科学としての医学の診断と、個人の心身の感覚のズレに関しては、アメリカの精神医学者・医療人類学者アーサー・クラインマンが分類を行っています。クラインマンは、まず「病気（sickness）」には、「病い（illness）」と「疾病（disease）」の二つの領域が存在する、という視点を提示しています（『病いの語り』誠信書房、一九九六年）。

病いとは、疾患によって患者個々人が感じている、病状を含めた経験や感覚のことを指します。これに対して、疾病とは、医師などの医療の従事者・専門家が、近代科学としての医学に基づいて下す診断結果です。病いは、個人的な経験や感覚であるため、たとえ同じ疾病であったとしても、一人ひとりの患者によって異なります。逆にいえば、個々人が感じる病いの経験や感覚が、どれほど異なっていたとしても、医学的に同じ疾病と診断されることがあります。

またそれ以上に、この二つは、ズレるだけではなく、相互に否定し合うことが、往々にしてあります。たとえば、ある個人が病いを患っていると感じていたとしても、医学的には疾病とは診断されないケースがあげられます。他方で、医学的に疾病と診断されるまで、疾病者本人がまったく病いと自覚していない、真逆のケースも決して珍しいことではありません。

具体事例で説明するならば、医学的にはガンを発病しているが、初期のステージで自覚症状があらわれていないため、本人が症状を感知していないケースが想定できます。この逆の事例としては、感染症にかかって治療を受け、ウィルスや病原菌を体内から除去し、発熱や脈拍なども正常値に戻り、医学的には完治したと診断された後も、身体のだるさや熱っぽさなどの症状を当事者が感じ続けることがあげられます。

いっぽう、アメリカ人の医療人類学者アラン・ヤングは、病いには「癒し（healing）」が、疾病には「治療（curing）」が、それぞれの対処法になると指摘しています（Young, A. The Anthropologies of illness and sickness. *Annual Review of Anthropology,*

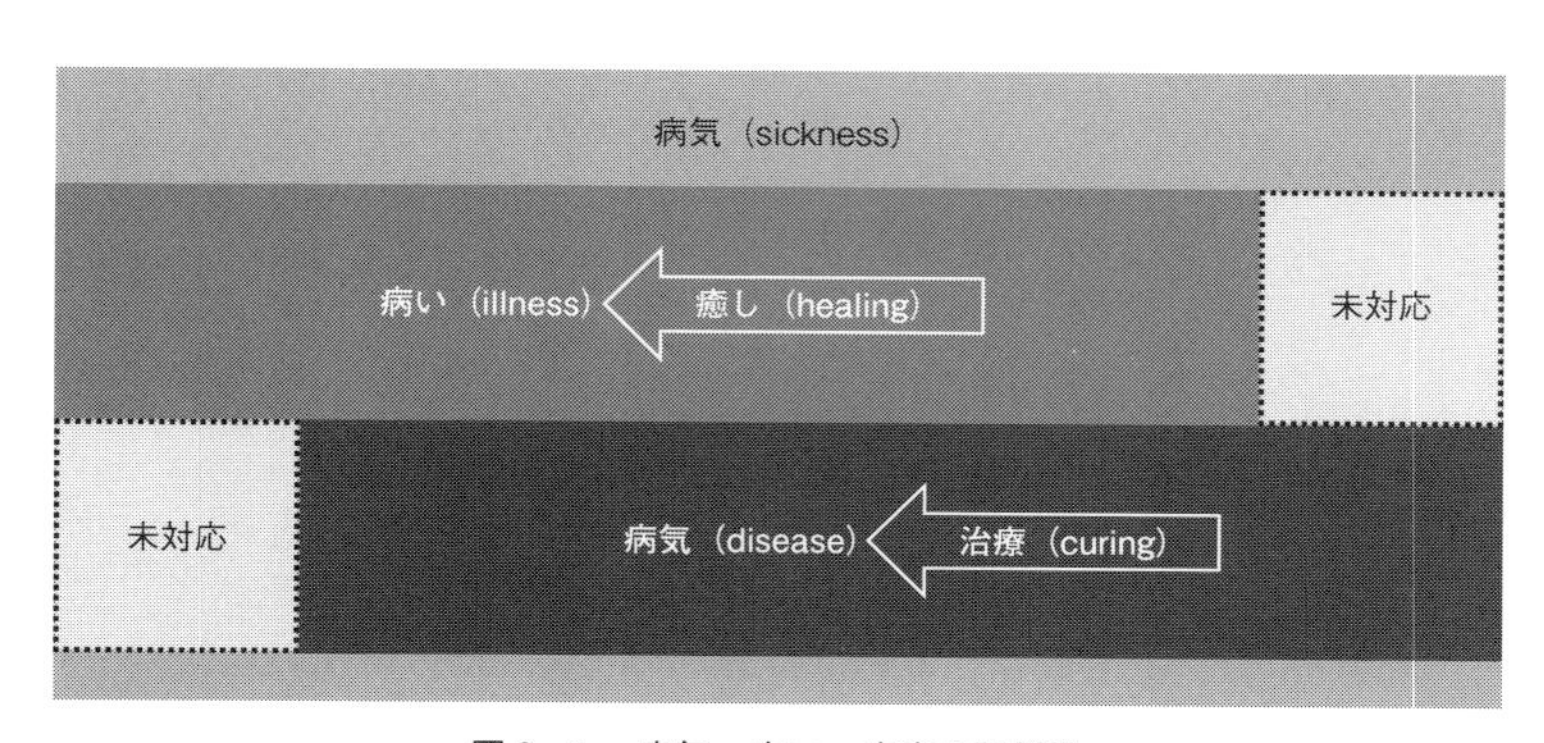

図９－１　病気・病い・疾病の関係性

（出典）Young, A. The Anthropologies of illness and sickness. *Annual Review of Anthropology*, 32, 1982.　を元に作図

32, 1982)。疾病に対する治療は、たとえ本人が病いと自覚していなくても、後になって健康を害し命にかかわることにもなりかねないため、不可欠なことはいうまでもありません。また疾病に対する治療は、感染症などの場合、個人のレベルを超えた社会全体の問題となるため、防疫という必要不可欠な処置となります。他方で、病いに対する癒しは、医学のみでは判断しえない、真の意味での健康の回復のために必要となります。実際、現代の医療現場では、単に医科学的に病気を治療するのではなく、本人が健康を回復したと真に実感するためにも、癒しの重要性が認識され共有されています。

民俗社会の病因論

病いと疾病を用いて、病気に対する個人と医学のズレを検討しましたが、その結果は、あくまでも近代社会に限定すべきかもしれません。というのも、疾病は、近代科学としての医学が前提となった概念だからです。

このため、次に近代科学としての医学が用いられていない民俗社会を対象として、どのように病気や健康が捉えられ対処されているのか、という問題を「民俗病因論（folk etiology）」を基に検討したいと思います。民俗病因論とは、非近代医療の専門家や普通の人びとが考える、病気の原因に関する民族科学的理論です。このため、民俗病因論は、当然科学的に「正しいか否か」で判断されるべきものでなく、現地社会の人びとが病気をどのように捉え、どう認識しているか、という実態そのものにほかなりません。なお東洋医学も、非近代医療に含まれるため、鍼灸や指圧などのロジックも民俗病因論に含まれます。

アメリカの文化人類学者ロバート・マーフィーによる、アマゾン川南部に暮らすムンドゥルクの人びとの民族誌事例を基に、病因論とその実践を見てみたいと思います。ムンドゥルク社会では、病気のほとんどは悪い「呪術師（シャーマン）」たちが、「カウシ」と呼ばれる霊力を持つ物体を作り、それを人びとの体中に入れることで発症するとされています（『ボディ・サイレント』新宿書房、一九九七年）。

また病気に対しては、良い呪術師が呼ばれ、マッサージや吸引法で「カウシ」を除去した上で、薬草を処方して治療します。さらに村に多くの病人が出た場合は、一番すぐれた呪術師によって、災いをもたらした「邪術師（ソーサラー）」が誰か名指しされます。名指しされた邪術師は、コミュニティ全体の集団行動として「罪の宣告」が行なわれ処罰されます。このようなプロセスを経て、病気の治療とともに、コミュニティの社会秩序の回復がはかられます。

以上の事例は、南米アマゾンとアフリカ、病気と災厄、といった違いがあるものの、第六章で検討したアザンデ社会における妖術信仰に基づく儀礼実践に、驚くほど類似しています。むしろ、人間にとって、病気も災いの一つであることを考えるならば、こうした類似はある種の必然と見なすべきかもしれません。実際、日本でも、カミやホトケへの信仰は、自然災害などとともに、疫病の流行が起こらないよう祈願することが、一つの大きな動機でした。

社会秩序の回復

民俗社会の事例から、病気への対応は、個人の身体のみならず、社会の秩序にかかわる問題であることを確認しました。もっとも、これは既に指摘していたように、感染症のパンデミックなどから、病気の蔓延は、社会全体に大きな影響を及ぼす重大事であることに疑いはありません。ただムンドゥルク社会の事例では、病気そのものとは――科学的には――直接的な因果関係のない、一種の集団パニックによって、特定個人がスケープゴート（生贄）にされ犠牲になっていました。

とはいえ、人類史における感染症のパンデミックでは、集団パニックの様相をしめす、社会秩序の混乱が何度も引き起こされてきました。代表的な事例として、ヨーロッパでペストが感染拡大した際に、ユダヤ人が井戸に毒を入れたことが原因とされ、ユダヤ教徒に対する襲撃や追放、虐殺が繰り返されました。

またこうした傾向は、残念ながら現代でも変わることがありません。二〇一九年以降の新型コロナのパンデミックでは、欧米社会を中心にアジア系住民に対して、いわれのない誹謗や中傷、さらには直接的な暴力までが向けられました。その理由は、新型コロナが中国の武漢で最初に確認され、そこから世界に感染が拡大したと報道されたためでした。ただ憎悪を向けられる、アジア系の個々の人びとからすれば、決して感染して外出しているわけではなく、なによりも感染拡大を引き起こした当事者ではないにもかかわらず、理不尽な差別や暴力にさらされたことになります。

もっとも、理不尽な集団パニックは、アジアにおいても無関係ではありませんでした。日本でも、

「感染症対策をしていない」と他者の行動を決めつけ、間違った過激な「正義感」を振りかざし監視行為や避難中傷を行う、「自粛警察」などと呼ばれる社会問題がありました。このように、病気は、社会秩序をゆるがす危険があることから、個人のみならず社会にとっても重大な関心事となります。

感染症の人類史

いっぽう、病気が社会に与える影響とは逆に、社会が病気に影響を与えるケースも数多くあります。たとえば、元々は特定地域の風土病であったものが、人間の接触頻度の変容や拡大によって、パンデミックとなる事例です。新型コロナ感染症が瞬く間に世界中に広まったのは、グローバル化による人びとの活発な往来と、それを可能とした交通インフラの発展があったからにほかなりません。

いっぽう、一四世紀にヨーロッパで猛威を振るった黒死病（ペスト）は、中央アジアの天山山脈周辺の地域から、モンゴル帝国の一つキプチャク・ハン国の交易を通じて地中海にもたらされたことが、ドイツ・マックスプランク進化研究所によって近年明らかにされました。また性感染症である梅毒は、一五世紀にはじまるスペインやポルトガルとの南蛮貿易によって、室町時代後半（戦国期）の日本にもたらされました。

モンゴル帝国の拡大やヨーロッパの植民地支配など、人類史上の転換期には、人間の移動に伴って病気も感染圏を拡大しました。人類史上のパンデミックは、病気が人類社会に影響を与えたとも、人類社会の変化が病気に影響を及ぼしたとも、どちらとも見なしうる入れ子構造になっています。そういった意味で、新型コロナもまた、正しく人類史の系譜に位置づけられる一事例だったといえます。

開発が生み出す病気

人類史における病気の問題として、いま一つ指摘しておくべき視点があります。それは環境汚染・破壊が、病気を生み出してきたという側面です。最も代表的な事例として、近代の産業革命によって、さまざまな環境汚染が広まった結果、いわゆる公害病とされる健康被害が発生しました。日本でも一九六〇年代前後の高度経済成長期に、工場の環境汚染によって水俣病、新潟（第二）水俣病、四日市ぜんそく、イタイイタイ病などの四大公害病が発生し、甚大な健康被害を引き起こしたことが広く知られています。

もっとも、公害病の原因となった健康被害は、近代以前からも認められます。具体事例としては、水俣病の原因でもある水銀中毒が、紀元前から世界中でさまざまな健康被害を引き起こしてきました。日本でも、八世紀に東大寺の大仏像が建立される際、金メッキを施すために水銀が使用され、作業従事者の間で中毒症状が広まった可能性が記録からうかがえます。

いっぽう、途上国などでは、「開発現病（disease of development）」という問題が、一九七〇年代以降に発生し注目を集めています。開発現病とは、開発に伴う自然・社会環境の改変や人間行動の変化によって、新たに流行した病気を指します。たとえば、アフリカ諸国では、独立後に大型ダムが建設された結果、ビルハルツ住血吸虫の中間宿主となる巻貝が繁殖し、流域住民に「住血吸虫症」が大流行しました。また西アフリカでは、道路開発によって「トリパノソーマ感染症（睡眠病）」を媒介するツェツェバエの吸血行動が変化したことにより、睡眠病が元々の感染地域を超えて道路沿いに感染圏を拡大しました。

さらには、地球温暖化による気候変動や生物多様性の喪失など、近年の地球レベルの環境変動は、病原菌やウィルスを仲介する生態系にストレスを与える要因となり、新たな感染症発生のリスクが指摘されています。たとえば、過密なゲージのなかで飼育されている家畜は、当該環境のストレスから免疫力が低下し、「高病原性鳥インフルエンザ」などを発症する危険が高くなります。また過密な飼育環境によって、感染症が一度発生すると瞬く間に広がり、人間にも感染する毒性の高いウィルスに変異する危険性もあります。

社会が作る病気

人間行動が環境に及ぼす影響は、本来、自然環境にはなかった病気を発生させたり、感染拡大を引き起こしたりもしました。医療技術の進歩によって、人類は、さまざまな病気を克服してきましたが、

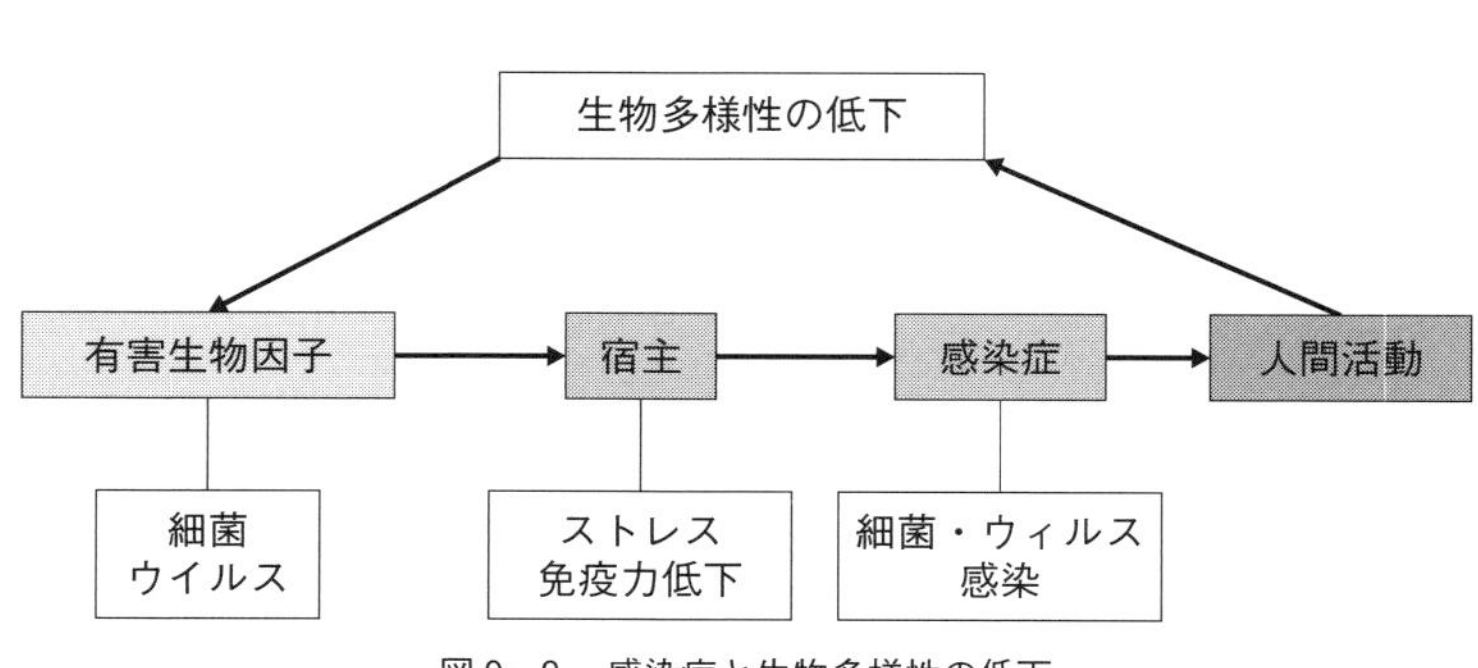

図９－２　感染症と生物多様性の低下

同時に科学技術の発展に伴う開発現象や環境破壊などによって、自らを苦しめる病気を生み出してきたのです。

しかし、ウィルスや病原菌などの直接的な病因のみならず、社会の要請によって、病気が生み出されるケースがあります。記憶に新しいところでは、新型コロナの無自覚症状があげられます。新型コロナ感染症では、ウィルスに感染しているにもかかわらず、発熱などの自覚症状がでない症例がありました。ヤングの分類で説明するならば、病いとして身体の不調などの症状が自覚されていないが、医学的にはウィルス感染が確認される疾病となります。まさに、病いと疾病のズレの典型例といえます。

こうした事例は、通常であれば病気と診断されず、当事者にも、医療現場にも、一般社会にも知られることなく、放置されていた可能性があります。ただ新型コロナは、感染力が非常に高く、重篤化の危険があったため、無自覚症状であっても感染者を放置できませんでした。しかも、感染拡大の当初は、有効な薬品なども未開発であったため、医療崩壊という社会危機に直面していました。こうした理由により、新型コロナの無自覚症状も、個人レベルでは治療すべき、社会レベルでは防疫すべき、重大な疾病となりました。

なお新型コロナのケースは、決して例外的で特別なものではありません。類例としては、糖尿病などの生活習慣病があげられます。生活習慣病には、自覚症状があらわれる前に、血糖値や尿酸値などで診断が下されるものがあります。こうした早期発見が推奨されるのは、個人の健康を守る目的のみならず、生活習慣病患者が増加することで社会保険料を圧迫することを避ける、という切実な社会的要請が指摘できます。

精神疾患の誕生

病気は、個人の健康にとどまらず、社会全体の問題ともなるため、社会的要請によって認定されるケースを確認しました。ところで、こうした傾向は、近代社会ではフィジカル（身体）面だけではなく、むしろメンタル（精神）面に関して強まる可能性が指摘されています。

フランスの哲学者ミシェル・フーコーは、西欧近代社会が認知している「精神病」は、時代を超えた普遍的な病いではなく、ある特定の時代に成立した極めて特殊時代的な疾病だと主張しました（『狂気の歴史』新潮社、一九七五年）。フーコーは、西欧の文献史料を読み解くなかで、「狂気」と「正常」の線引きは明確ではなく、時代ごとに社会が規定し歴史的に形作られてきた、と指摘しました。

「精神疾患者」は、近代以前は病人とは認識されず、社会に融合して生活していたものの、一八世紀末に近代的な市民階級が成立し、支配階層として社会を動かすようになると、「非理性」として排除され、社会の外に監禁されるようになる、というのがフーコーの主張です。とすると、「精神病」の認定は、極めて新しい時代の出来事となります。またフーコーの主張の重要なポイントは、近代までは精神医学が未発達だったから、精神病が診断できなかったのではなく、近代社会が規定することで精神病が生み出された、という点にこそあります。つまり、近代社会が要請する行動ができればです。

「正常」＝「理性」で、それができなければ「精神疾患」＝「非理性」と診断される、という考え方

こうした考え方は、一見突拍子がないように思われるかもしれません。しかし、われわれの社会の営みを少し考え直してみると、必ずしも荒唐無稽なものではなく、思い当たることが多々あります。たとえば、近代社会では、決められた内容と時間の就労や就学などに従事するため、決まった交通手段で出勤や通学などを行わなければなりません。そして、これらができなければ、収入を得ることが難しくなったり、将来の就労の機会を逃したりするなど、社会生活が営みづらくなります。とはいえ、このようなライフスタイルは、双極性障害（そううつ病）や社会不安障害（対人恐怖症）などを抱える方々にとって、非常に困難を伴うものであり、またそれ以上に症状が悪化する危険性があります。

ただもし前近代的な農村社会や非近代的な牧畜社会であったら、そもそも「精神疾患」などと診断する必要がなくなる可能性があります。というのも、自らの家屋のまわりの田畑を耕したり、ごく少人数で家畜の群れを追ったり、という生活形態であれば、少なくとも不特定多数の見知らぬ他人の目にさらされることも、ひとつの役割を果たすためにさまざまな同僚と協力することも、心身の調子が良くないにもかかわらず決められた時間に決まった役務に従事することも、必要がなくなるからです。むしろ、前・非近代社会では、精神疾患などと診断したところで、取り立てて生活に支障はなく、病気と見なす意義そのものが疑わしくなるでしょう。

もっとも、こうした指摘に対して、双極性障害などは、遺伝的要因によって発症の可能性があるこ

とが知られており、また薬物療法による有効性が確認されているため、少なくとも疾病としての存在は否定できない、という批判が予想されます。とはいえ、疾病として治療しなければならないのは、近代社会のライフスタイルに適応した生活が営めないからであって、それが必要なければ疾病と診断する必要も、薬物療法を用いる必要もなくなるのではないでしょうか。いずれにせよ、近代社会の要請が、「精神疾患」という診断と、その治療を必要とさせていることは疑いありません。

なお誤解がないよう付け加えておくと、精神医学が不要などとも、ましてや精神疾患など存在しないなどとも、主張しているわけではありません。現代社会では、少なくない数の方々が精神疾患に苦しんでおられ、また精神医療に従事される多くの医師や専門家が、その治療に献身的に取り組んでおられます。現代社会においては、精神疾患は、患者本人にとっても、社会全体にとっても、治療すべき疾病であり、癒すべき病いであることは疑いもない事実です。

病気と人類社会

病気という人類が直面してきた課題は、必ずしも一方的に自然環境からもたらされる災厄ではなく、人類社会が自ら生み出した側面もあることを確認しました。繰り返し指摘してきたように、病気は、個人の健康を損ない命の危険につながるとともに、社会にとっても秩序をゆるがしうる要因となります。であるがゆえに、病気への対応も、社会からの要請が少なからず影響を及ぼしています。

たとえば、新型コロナ感染症のパンデミックでは、迅速なワクチン開発が進み、その接種を世界人口の約七〇%が受けた、と国際機関などが試算しています。こうした対応は、新型コロナの流行を放置すれば、現代社会の基盤となるグローバル経済が停滞し、世界全体に多大なマイナスの影響が及ぶため、その改善が急務だったからにほかなりません。

これに対して、経済的恩恵や社会的需要の低い病気に対する医療の開発や支援が、どうしても後回しになってしまうことが指摘されています。その代表例として、医薬品開発では、難病のなかでも疾病者数が極限られたものは、たとえ開発に成功しても需要が非常に少ないことから利益回復が見込めないため技術開発が進まない、という「オーファンドラック（希少疾病用医薬品）問題」があります。結局、感染症対策も、医療支援も、近代社会が立脚する市場経済の原理から、決して自由ではないのです。

これらの事例から、今後も人類社会のさまざまな変化によって、病気そのもののあり方も、どんどん変容して行くと予想されます。とはいえ、どのような変容をしたとしても、病気が人間にとって、心身の苦しみであることに違いはないでしょう。

参考文献

池田光穂・奥野克巳（編）、『医療人類学のレッスン』学陽書房、二〇〇七年

第一〇章　曖昧になる生と死

不可避の運命

死は、この世界に生きとし生けるものにとって、避けることができない運命です。死を消滅と捉えるならば、生命のみならず、すべての物質にも何時の日か、この宇宙から消えてなくなる時が訪れます。その宇宙でさえ、消滅が訪れると予想されています。

とすると、生命の営みとは、不可避の運命として定められている死に向かう、ひと時の活動と見なすことができます。言い換えるならば、生命活動とは、死を少しでも先延ばしにするための営みとなるでしょうか。もっとも、こうした表現は、すべての生命を過度に擬人化したものかもしれません。とりわけ、生命を個と捉える思考には、一人ひとりは異なる個性を有し、違う一生を歩む存在と位置づける、人間観が少なからず反映されています。

イギリスの進化生物学者・動物行動学者リチャード・ドーキンスは、「生物は遺伝子によって利用される〝乗り物〟に過ぎない」というセンセーショナルな表現を用いて、個体よりも遺伝子を、自然選択や生物進化の主要な対象と見なす視点を提唱しました（『利己的な遺伝子』紀伊国屋書店、一九九二年）。ドーキンスの主張に従うならば、自己を犠牲にして群れや他の個体を守る「利他的行動（altruism）」は、個体の生死よりも、遺伝子が自然選択をくぐり抜け次世代に継承される、という点で進化的に意義のある行動になります。

生命進化の産物である限り、自己犠牲に基づく人間の行動も、遺伝子にとっての利益になっている可能性があります。しかし、人間は、文化を有することによって、遺伝的・生物学的な身体能力を越える活動を実現してきました。しかも、われわれの意思や価値観は、決して遺伝子のみに規定されてはいません。とするならば、人間にとっての生死は、遺伝子や生物学のレベルでは理解しきれないものとなります。ほかならぬ、ドーキンス自身が、文化を持つ人間のみが、遺伝子に利用される乗り物から脱却しうることを論じています。

生死は自明か

ところで、一般にわれわれは、死を一切の疑いの余地がない、身体の状態と受け取っているのではないでしょうか。確かに死は、最終的に物質的な存在としての身体の消滅につながります。ただ現実的には、すべての生命維持活動が停止し、一片の塵も残さず完全に消滅するまでには時間的な開きが相当にあります。また生命維持のための身体機能も、徐々に停止して行くため、結局はなにをもって生死の区分の基準とするかが決定要因となります。

さらに、第九章の病気と健康と同じように、生と死の区分も、近代医学がない非・前近代社会ではどのように行われていたのか、という疑問がわきます。また近代社会においても、医学そのものが常に変化、発展して行くなかで、生死の判定は、一貫して変わることがなかったのでしょうか。このような疑問に思いを巡らせてみると、はたして本当に生死は、誰にとっても自明の事象であるのか、だんだんと自信が持てなくなってきます。

いっぽう、あたり前のことではありますが、死は当事者が自ら判断できません。死は当事者の身体の問題でありながら、第三者によってしか判断できない、という制約があります。このため、生死は、これまでも、そしてこれからも、第三者によって規定され、判断されるものであり続けます。生と死の境界線は、誰がどう決めるのか、という問いは人類全体に普遍の課題にほかなりません。

生物にとっての死

現生人類以外の生物にとっても、個から群れまで、生存活動は、遺伝的・生物学にプログラミングされた、本能レベルの行動であり最重要の課題です。では、人類以外の生物にとって死は、どのように知覚され、受け取られているのでしょうか。

一口に生物といっても、原生生物から高等哺乳類まで、認知構造に大きなレベル差があります。このため、現生人類に最も近縁種であるチンパンジーが、死をどのように認知しているか検討したいと思います。ちなみに、現生人類とチンパンジーの遺伝子は、九八%以上が共通しています。逆にいえば、現生人類は、チンパンジーとわずか二%も違わないのです。現生人類とチンパンジーの違いを見ると、いかに遺伝子ではなく、文化の影響が大きいか改めて確認できます。

人間以外の動物と同じように、チンパンジーもまた、死を腐敗や崩壊の過程として知覚しても、観念的に認識していない可能性の高いことが、類人猿の研究から指摘されています。一例をあげるならば、死した子ザルを抱き続ける母ザルが時折観察され、われわれは、その行動に「母の哀惜」を見ようとしますが、単に死を認識していないに過ぎない、という可能性があります。ほかにも、死を認知していないがゆえに、動かなくなった死体に対して、グルーミング（毛づくろい）などを試みるケースが、常態的に観察されるようです。

チンパンジーが死をどのように知覚しているのか、われわれと認知構造が異なるため、究極的に解明することはできません。したがって、チンパンジーがそもそもどう感じているか、わからないにもかかわらず、人間が死に対して抱く想いを一方的にねじ込み、写し見ることには――少なくとも科学的には――慎重であるべきです。

とにかく、行動レベルで見る限り、チンパンジーは、われわれ現生人類のように、死を明確に認知してはいないようです。このためか、チンパンジーは、死体に対して、なんら特別な対処をしません。なによりも、チンパンジーは、現生人類が行うように、墓をつくり死体を埋葬するなどして、死者を葬送することもせず自然の崩壊、消滅にまかせます。

死の観念

死に対する、現生人類とチンパンジーの認知と行動の違いは、生物学的には脳の構造に起因することになります。ただそうした脳の構造の違いが、どんな認知の違いを生み出し、それが死生観にどう影響するかが問題になります。

この問いに対する、ひとつの回答として、「未来の観念」をあげることができます。チンパンジーは、現生人類と同じように、「過去の記憶」と「現在の感覚」は持ち合わせています。まずチンパンジーは、われわれと同じような五感を有しているため、現在の感覚は当然ながら認知しています。また大脳の構造には、違いがあるものの、経験を通して学習をすることから、過去の記憶を保持していることが確認できます。

他方で、チンパンジーの未来の観念は、現生人類と異なっています。チンパンジーも、過去の経験や学習を基に予想をするため、未来に向けた準備=予測行動ができます。しかし、チンパンジーには、今ここにない見えないものに思いをはせる、われわれのような「想像力」はないようです。言い換えれば、まだ見ぬ未来の世界を思い描くことは、チンパンジーにはできないといえます。

以上から、科学的に厳密な検証はできないものの、チンパンジーは、自らの死を予想することなく、生をつむいでいるとい

図10-1　チンパンジーと人間の現在・過去・未来

えます。死せる運命を知り、限られた一生を想いながら、現在を暮らしているのは、われわれ人間のみのようです。

死者の追悼

死そのものとともに、死せる運命を知覚するのが、人間を他の生物と分かつ特徴であることを確認しました。その上で、死をめぐる人間の特徴として、いま一つあげられるのが、親族をはじめ知人の死に際し、故人となった死者に想いをはせ追悼し、死体を葬送する行為です。簡単に説明すれば、葬儀を行い墓を作る、死をめぐる文化実践といえます。

葬儀と墓は、人類社会に普遍的に認められる文化実践です。文化によっては、一見すると葬儀や墓とはわかりづらいケースもあります。ただそれは、自文化のバイアスに過ぎず、当該文化社会の人びとにとっては、「お葬式」であり、「お墓」にほかならないものです。ちなみに、鳥葬や水葬、あるいは樹上葬など、世界中には土中に遺体を埋めない多様な墓制があることから、日本語の「埋葬」という表現は、極めて自文化を前提とし

図10-2　死の儀礼

た言葉といえます。もっとも、現代の日本でも、火葬した遺骨や遺灰を骨壺など入れ、墓石内の専用スペースに納骨することが一般であるため、厳密には土中に埋葬をしていません。

繰り返しにはなりますが、このように葬儀や墓制は、文化的に非常に多様性があるものの、人類社会のなかで普遍的に観察されてきました。では、死者を弔い、亡骸を葬る、という文化実践には、どのような意義があるのでしょうか。

葬送の意義は、一言で説明するならば、生から死への移行期間の儀礼といえます。本章のはじめにも確認したように、生と死は、物理的にも医学的にも連続した現象です。遺体は、ほうっておけば死後にまず腐敗がはじまり、徐々に白骨化して行きます。

しかし、戦乱や飢餓などの社会が混乱する事態でなければ、人類社会の多くでは、遺体が自然に崩壊するまで放置しておくことはありません。その理由として、遺体の放置は、感染症の原因となる危険などがあげられます。もっとも、文化社会的な要因としては、信仰心や世界観などから、遺体を放置することを心理的に忌避する傾向が多くの社会で認められます。

もっとも、どのような理由であれ、結果的に葬送は、生と死の境界としての役割を果たし、死を確定する重要な仕掛けとなっています。言い換えるならば、葬儀や墓制は、死者を生者から区分し分断する、儀礼であり記念碑ともいえます。

社会秩序の再編成

ところで、生と死を区分し、死者を生者から分断することは、残された遺族や近親者だけではなく、社会全体にとっても重要な意味を持ち役割を果たしています。というのも、ある特定の人物が生きているのか、死んでいるのか把握することは、社会のさまざまな営みと関連する重要課題だからです。たとえば、生存のための食糧などを、どれくらい生産し供給すべきか、あるいは逆に、どれくらい生産できる労働力が確保できるのか、といった問いはどんな社会にとっても必須の課題です。この課題を検討し解決するためには、生きている人間の数、つまり人口を把握することが不可欠となります。このため、できるだけ人口を正確に把握し、戸籍をつくることは、近代社会のみならず、国家などの政治機構にとって最重要課題の一つとなります。

近代社会を事例にするならば、戸籍は、政治・経済政策や社会保障をはじめ、軍事行動までも含め、その決定や実施などのありとあらゆる側面に深く関係します。なによりも、生きているはずの人物が死んでいたり、死んだはずの人物が生きていたり、といったことが頻繁に起きるようであれば、社会は非常に混乱するでしょう。一例をあげるならば、年金などの社会保障費を受けていた人物が、実は死亡していたにもかかわらず、家族がその事実を隠し不正に受給し続けていた、という事件を時折ニュースで目にすることがありますが、こうした行為を放置すると、たちまち財源不足におちいり社会保障制度が立ち行かなくなってしまいます。

以上のように、生と死の区分は、故人の近親者のみにとどまらない、社会全体で共有すべき関心事となります。その背後には、一個人の生死が、社会秩序の維持と再編成に、極めて深くかかわっているからにほかなりません。

現世を基礎づける死生観

生死の判別が、社会にとって普遍的に重要であったとしても、それに関連する文化は非常に多様です。なかでも、死生観は、葬儀や墓制などを規定します。また信仰や宗教は、それぞれに特有の死生観に基づいて、いかに日々や人生を生きるべきか教えをしめしている、といっても過言ではありません。このため、非・前近代社会における事例を基に、人類社会の死生観の多様性を知るとともに、それらが実社会の営みとどのように関連しているか検討します。

トレブリアンド諸島民の社会では、魂をあらわす言葉に、「コシ（kosi）」と「バロマ（baloma）」の二つがあります。この二つの言葉は、死後に魂がたどる段階をしめすものです。コシは、死後に物質的な身体から離れた魂であり、生前暮らしていた村のあたりを数日間さまよい、時には悪戯をしたりします。コシとなった魂は、やがてバロマとなり、近隣のトゥマ（Tuma）という「死者の島」に死出の旅をします。その後バロマは、死者の島で生者と同じように生活を送る、と考えられています（マリノフスキー，B．K．『バロマ』未來社、一九八一年）。

ちなみに、トゥマは、現実に存在する島です。実在の島を死者の島と見なして、そこで死者が暮らしている、という語りは、一見にわかには共感しがたいかもしれません。しかし、青森県下北半島にある恐山のように、日本でも現実にある特定の地域を、死者が赴く場所と見なすケースがあります。またなによりも、お墓は、信仰心や教義とは別に、一般には亡き故人がいる場所とも、見なされているのではないでしょうか。

やや話が脱線しましたが、死者の島で暮らす魂は、そこでの一生を終え死を迎えた後、再び現世に胎児として生まれ変わる、と考えられています。魂の循環的再生は、仏教でも「輪廻転生（reincarnation）」の観念があるように、必ずしも特別な死生観ではありません。

ただ第八章で女性優位の母系制社会の事例として提示した、トロブリアンド島民の「父子に肉体的つながりがない」とする生殖観は、こうした死生観に裏づけられています。つまり、あくまでも新生児は、同じ母系親族の先祖のバロマの生まれ変わりであり、したがって違う親族から婚入した男性である父親は転生する切っ掛けを与えたに過ぎない、という考え方です。このように、死生観は、現世を基礎づけるロジックともなっています。

死出の旅路

生と死を断絶ではなく、連続的な出来事と捉える考え方は、転生思想だけに限られていません。インドネシアのトラジャ社会では、死を断絶的とは考えず、「プヤ（Puya）」と呼ばれる「魂の地」へ至る、ゆるやかな流れの一環とされています（内堀基光・山下晋司『死の人類学』弘文堂、一九八六年）。

トラジャ社会では、肉体的な死の後、遺体は香油を塗られ帯でぐるぐる巻きにされ、家屋に安置されます。この期間、死者の魂は、村の中を一時的にさまよっているとされ、遺体は生前と同様に家族と共に過ごします。また同期間は、プヤへ向かい旅立つまでの待ち時間である、「もがり」と位置づけられています。トラジャ社会では、数か月にも及ぶことも珍しくないもがりの後に、葬儀が執り行われて、ようやく故人は正式に亡くなったと見なされます。

もがりとは、遺体を埋葬するまで仮安置する、一定期間の事を指します。もがりは、死別を哀しみ惜しむとともに、腐敗など遺体の物理的な変化を確認することで、死を最終的に確定する役割を果たしていました。このため、もがりを設けることは、単に儀礼的・象徴的な意味だけではなく、身体機能が停止したことを確認することから、生物学的にも十分意義があるといえます。

いっぽう、トラジャ社会の葬儀では、水牛や豚などの家畜が屠殺され供されます。また故人の社会的地位が高いほど、最も重要とされる水牛の数が多く必要とされます。この費用を賄うために、数か月から数年かけて葬儀が行われることがあります。また水牛や豚のなかには、故人やその家族に対する負債の返済として、参列者から贈られたものが含まれています。このように、トラジャ社会の葬儀は、故人の社会的地位の確認や過去の負債の清算など、実社会における後始末も果たしているようです。

現代日本の死の判定

非・前近代社会の事例を通して、死生観の多様性と実社会との関係性を確認しましたが、ではわれわれが暮らす近代社会には、どのような特徴があるのでしょうか。現代の日本社会を対象として、誰がどのように生死を判別しているか検討するなかから、この問いに答えたいと思います。

死に逝く者を見送り、死を確定するのは、前近代までのヨーロッパ社会では、信仰をつかさどるキリスト教の神父や牧師の役目でした。日本社会においても、かつては仏僧や神職などが死出の旅路を見送り、同様な役割を果たしていました。

しかし、近代社会では、そうした役割は医療に従事する医師の仕事になりました。この理由は、本書で何度も確認してきたように、世界観や知識などのなかで、科学が最も支配的な力を有しているからにほかなりません。実際、近代社会に暮らすわれわれにとって、生死を判断する科学以外の基準や根拠を想像することも、信じることもできないでしょう。

このため、現在の日本社会では、医師の「死亡診断書」や「死体検案書」がないと、「死体の処理」も「戸籍の抹消」もできません。つまり、医師の承認がなければ、お葬式も火葬もできず、死亡届もだせないのです。例外としては、行方不明者が、生死不明のまま七年以上経った時に、「失踪宣告」の手続きが提出され、管轄の行政機関で認められた場合、法的に死亡したと見なされるケースがあげられます。

とはいえ、近代社会における死の判断は、医師によってほぼ独占されている、といっても過言ではありません。近代社会における生と死の区分は、まさに当該社会の世界観の中核を占める、科学によって基礎づけられているといえます。

二つの死の基準

では、近代社会の死生観は、完全に近代科学としての医学のみによって、合理的かつ普遍的に受け入れられているか、といえば必ずしもそうとは言い切れません。というのも、現代の日本社会には、近代科学では割り切れない、われわれの想いと迷いによって、「心臓死」と「脳死」の二種類の基準が併存しているからです。

脳死は、「臓器移植」の必要から医学的に作り出された、極めて新しい死の状態であり判断基準です。日本では、一九九七年に制定された「臓器移植法」によって脳死が定義され、また二〇一〇年の改正により、家族の承諾があれば本人の意思が不明でも、脳死下の臓器提供が可能となりました。ただ医学的・法的に規定されたものの、脳死は、日本社会において「人の死」とはまだまだ十分に受け入れられてはいません。さらに厳密にいえば、臓器提供が伴わない場合、法的にも人の死とは認定されません。

このため、現在、運転免許証や健康保険証などの裏面に、臓器提供の意思の有無を表示する項目が設けられています。臓器提供の意思があり、それが可能な身体の状態であれば、ようやく医学的に脳死に判定される対象となります。

もしトロブリアンド諸島やトラジャなどの民俗社会の人びとが、死の基準が複数あり、しかもそれを自ら選択する、という現代の日本社会を見たら、さぞかし奇異にうつるのではないかと思われます。われわれは、魂の二種類の呼び分けや死出の旅路の待ち時間などと聞くと、ずいぶん珍奇な死生観があるものだと感じたりしますが、そっくりそのまま写し鏡になっているのかもしれません。

脳死をめぐるパラドクス

とはいえ、脳死判定には、現在でも不安と反対が根強くあります。脳死は、あくまでも医学的に新しく作られた身体の状態であり、医師にしか判定できません。このため、脳死は、一般の人びとにとって、医師が判定した身体的な変化に過ぎず、まだまだ「人の死」として受け入れられてはいないのです。

以上から、脳死は、どれほど科学的に厳密に規定されたとしても、一般社会の人びとが納得しなければ、「人の死」として認知されず、確定されないことがわかります。人間の死は、まぎれもなく社会的な合意事項といえます。

脳死を「人の死」とする合意形成は、この問題を先進する欧米社会でも、長い時間をかけ紆余曲折を経て議論されてきました。このため、日本における脳死判定の現状を、欧米との死生観の違いなどと単純化すべきではありません。ただ脳死が完全に受け入れられていない背景には、既存の死生観との齟齬が介在していることは疑いないでしょう。

ところで、日本社会に脳死が「人の死」として定着するか、将来も定かではありません。このように書くと、やはり死生観が欧米と異なるため、時間をかけても受け入れられない可能性があるのだろう、と早合点されるかもしれません。

そうではなく、生命科学（バイオテクノロジー）の発展によって、脳死そのものが不要になる未来もありえる、という指摘です。ｉＰＳ細胞などの研究は、将来的に自分自身の細胞を使って、臓器などの身体器官や神経細胞などを作りだすことを目指しています。とすると、もし臓器再生が可能になると、「人の死か否か」という脳死をめぐる議論そのものが、不要になってしまうのです。なぜなら、脳死は、臓器移植を大前提としたものだからにほかなりません。

科学技術の進歩は、第八章で検討したように、性や家族にかかわる観念やあり方をゆるがしていました。死生観もまた同様に、生命科学をはじめとする科学技術によって、大きく動揺させられているのです。個別の文化社会で形成されてきた死生観が、普遍的な科学技術によって均質化、統一される、言い換えれば科学を規定していたはずの文化が、科学に規定される、そんなパラドクス的状況を二一世紀の世界は迎えつつあります。いずれにせよ、人類社会の死生観は、今後も変わり続けて行くことは間違いないでしょう。

参考文献

松沢哲郎、『想像するちから』岩波書店、二〇一一年

第一一章　拡張する社会

大きな社会の誕生

人類史を見る限り、人間の社会は、質的にも量的にも拡大してきたといえます。というよりも、現代社会において人類が営んでいる社会やコミュニティは、国家なり、民族なり、都市なり、どれもこれも対面関係では到底把握しきれない数の人びとによって構成されています。

アメリカの文化人類学者エルマン・R・サービスは、人口規模の拡大と社会の階層化や複雑化を基準として、人類社会を「バンド（band）」、「部族（tribe）」、「首長制（chiefdom）」、「原初国家（primitive state）」の四つに類型化しました（『未開の社会組織』弘文堂、一九七九年）。またサービスは、小規模で比較的平等な血縁関係に基づくバンド社会から、親族集団の規模が拡大し政治権力が発生する部族社会を経て、中央集権的な政治支配機構が整う首長制社会となり、最終的に政治支配機構が洗練された原初国家に至る、という社会発展を提示しました。なお社会発展の前提条件として、各段階の人口を養うための食糧生産がおかれています。

サービスの四類型には、社会進化論的な性格や食糧生産を規定要因としていることから、少なからず批判や疑問が寄せられています。またその正否とは別に、第四章でも指摘したように、人間が対面関係で把握できる数には、当然限界があります。たとえ、多人数の人口を養う食糧を生産、供給できたとしても、人類は、対面関係では対応できない人数の社会やコミュニティを、どのように維持しているのでしょうか。またそうした社会やコミュニティは、人類史上のいつのどの段階から可能となったのでしょうか。

この問いに対して、まず考古学的な研究成果から確実にいえることは、約一万年前にはじまる新石器革命以降に、社会の拡大の痕跡が明確に認められることです。実際、第三章でも指摘したように、新石器革命以降でなければ、大規模な人口を抱える都市が成立し、文明が形成されるための条件が整いません。具体的にいえば、農耕や牧畜などの生産経済が登場する以前は、数多くの人口を支える食糧の確保は難しく、また安定的な食糧供給など望めず定住生活にも移行できないため、都市の成立や文明の形成など到底ありえませんでした。

どれほど社会進化論に基づく発展段階に否定的であったとしても、自然資源に食糧生産をゆだねる狩猟採集を生業基盤とする限り、大規模な人口を養う食糧を確保することも、定住生活に移行することも、基本的には難しいことが理解できるのではないでしょうか。その点において、サービスの社会発展の段階モデルは、人類史にそった正しい指摘となっています。

例外的事例の舞台裏

もっとも、例外は存在します。高緯度地域に暮らす狩猟採集民のなかには、バイオマス（生物資源量）の大きなサケなどの回遊魚を大量に収獲し、それを保存することによって、相対的に数多くの人口を有する集落を営んでいた民族誌事例があります。また紀元前三九〇〇～二二〇〇年頃の縄文時代前期～中期に形成された、日本列島北部の青森平野に位置する三内丸山遺跡では、学術的な真偽は別として、最大五〇〇人もの人口を抱えていた、とのいくぶん大胆な説が提唱されています。

ただこうした例外をもって、狩猟採集社会でも、数多くの人口を抱える比較的規模の大きな社会を形成できる、ゆえに新石器革命後の農耕社会などを特別視するのは、悪しき社会進化論的視点だ、といった批判が成り立つわけではありません。というのも、高緯度地域の民族誌事例は、あくまでも大量の回遊魚が収獲できる時期に限られ、食糧資源が枯渇する時期には狩猟漁撈キャンプなどに分散していたため、必ずしも通年居住ではなく、しかも多年にわたるものではありませんでした。さらにこれらの民族誌が報告された時代には、欧米の植民地支配の影響が当該社会に及んでおり、欧米社会が求める毛皮などの交易産物を生産、提供すれば、生活必需品などは自ら生産せずとも入手できる状況にありました。

いっぽう、三内丸山遺跡の人口に関しても、正規の学術的な検証を経たものではなく、一般公開講座などで――いささかリップサービス的に――述べられたシミュレーション的試算が、メディアなどに取り上げられ独り歩きしたケースに過ぎません。また仮に、五〇〇人までには届かなくとも、第四章で確認した、ダンバー数を越える人口を抱える集落が、縄文時代にあったとしても、次の理由で新石器革命以前の狩猟採集経済だけで実現されたとは評価できません。まず縄文文化は、定住生活をはじめ新石器革命的な要素を共有していたこと、また本格的な農耕には移行していなかったものの、

「半栽培（semi-domestication）」と見なしうる植物の栽培、管理を行っていた可能性があること、などから更新世（一万年前）以前の旧石器時代的な狩猟採集社会とは一線を画していました。さらには、縄文時代の大型集落は、交易や信仰の拠点であった可能性があり、この点でも新石器革命後に成立した「都市」に類似、共通した機能や役割を担っていた可能性があります。

以上から、社会の拡大は、一万年前以降の新石器革命にはじまる、人類史のなかで極めて新しい現象であることが再確認できます。したがって、都市や国家などは、現生人類にとって、決してあたり前の集団やコミュニティの形態ではないといえます。

眼前にいない仲間

社会の拡大は、新石器革命以降に起きた現象でした。では、人間は、社会を拡大する能力を元々有していたのでしょうか、それとも一万年前以降に新しく獲得したのでしょうか。この疑問に対する一つの回答として、現生人類であるわれわれと、「ネアンデルタール人（Neanderthals）」との認知能力の違いをあげることができます。

ネアンデルタール人とは、われわれ現生人類の共通の祖先から、三〇万年前以前に分かれたとされる別種――あるいは別亜種――の人類です。またネアンデルタール人は、四万年前まではヨーロッパのイベリア半島などで現生人類と併存していた可能性があるものの、最終的には絶滅して姿を消すことになります。ただ現生人類であるホモ・サピエンスとも、交配を行っていたため、アジア系やヨーロッパ系の人びとは、だいたい遺伝子の二％ほどをネアンデルタール人から受け継いでいることが、スウェーデン人の遺伝学者スバンテ・ペーボによって明らかにされています（『ネアンデルタール人は私たちと交配した』文藝春秋、二〇一五年）。

ちなみに、ネアンデルタール人は、現生人類よりも早くに出アフリカを果たし、ヨーロッパを中心に西・中央アジアから南シベリアまで居住していたことがわかっています。またそれより東の地域には、「デニソワ人（*Denisova hominin*）」という別種ないし別亜種の人類が共存していた可能性が指摘されています。なおデニソワ人の遺伝子も、現生人類との交配を通して、アジアやオセアニアの地域に暮らす人びとに受け継がれている、との分析結果がだされています。四万年前までは、現生人類のみならず、ネアンデルタール人やデニソワ人という違う人類が共存する、おとぎ話のような状況があったようです。

ネアンデルタール人が、どのような能力を持っていて、また現生人類との間にどのような差異があったのか、まだ十分には明らかにされていません。ただネアンデルタール人は、極めて孤立した小集団で暮らしていたようです。これに対して、現生人類は、離れて暮らす集団とも交流を維持し、時には相互に助け合っていた痕跡が認められます。

こうした集団関係の差が、現生人類とネアンデルタール人の運命を分け、前者が生存し、後者が絶滅した理由の一つと見なされています。つまり、ネアンデルタール人は、自らの所属グループ以外と助け合えなかったがために、現生人類との生存競争に敗れてしまったのではないか、という仮説です。

逆にいえば、現生人類は、目の前にはいないにもかかわらず、離れて暮らすグループを、「同じ仲間」と認識し協力し合う関係を築く能力があったといえます。またこのような能力は、ダンバー数を越えた社会を実現する上で、極めて重要な役割を果たすものにほかなりません。

仲間意識と共感

人類は、新石器革命の前から、目の前で顔を確認できず、直接的にどこの誰かわからない、別々に離れて暮らすグループと「仲間意識」を持つことができていました。もっとも、こうした意識は、われわれの日常を少し見渡せば、思い当たることが多々あるのではないでしょうか。

たとえば、「同じ国民」が「オリンピックで金メダルを取った」や「ノーベル賞を受賞した」というニュースを聞けば嬉しく感じたり、逆に「ネット上で中傷された」や「好感度が低い」などと知れば怒りや憤りを感じたり、と直接自分が一切関係していないことであるにもかかわらず、実際に感情がゆさぶられる経験をしたことはないでしょうか。スポーツなどでは、「同じ〇〇」という思い込みだけで、一緒に肩を組んで応援したり、ハイタッチなどをして喜びを表現したりもするでしょう。

ただ少し冷静になって考えてみれば、自分が評価されたわけでも、不利益を被ったわけでもないにもかかわらず、ただただ「同じ〇〇」という意識だけで、自らの喜怒哀楽がゆさぶられていることがわかります。またよく知っているからこそ、同じ集団・組織のなかに、嫌いな人物や仲が良くも悪くもない人物もいるはずです。そもそも、喜んだり悲しんだりする以前の問題として、誰かと仲間意識を持つためには、通常ならばその人物をよく知る必要があるはずではないでしょうか。

こうした思いをめぐらせると、われわれは、顔も素性も一切知らない誰かと「同じ仲間」という意識を強く共有する、なんとも不思議な感覚を持っていることが再認識できます。ただこうした意識は、なにかを他者と協力して行おうとする時、非常に重要な役割を果たすこととなります。もしこの能力が、現生人類だけのものであれば、集団としてのアドバンテージになることは疑いないでしょう。なによりも、この能力がなければ、どれほど十分条件をそろえたとしても、社会の拡大などできないはずです。

想像の共同体

現生人類は、物理的に離れた場所で暮らす、対面関係にない無数の他者と、仲間意識を共有できる、この能力こそが社会の拡大の必要条件となっていました。ところで、現代社会において、最も大きく基本的な集団やコミュニティの単位として、国家をあげることにさほど異論はないでしょう。

国際連合をはじめ、国家を超える国際機関・組織は存在するものの、それが世界全体の全人類に帰属意識が共有されているとは、残念ながら現時点では到底いえません。逆にいえば、現在の国家は、そこで暮らしている国民に帰属意識が共有されているからこそ、実態として存在できている、と見なすこともできます。

アメリカの政治学者で歴史家でもあるベネディクト・アンダーソンは、上記のような国民の帰属意識によって国家が成り立っている状況を指して、「想像の共同体」と名づけました（『想像の共同体』リブロポート、一九八七年）。アンダーソンは、「国民」という政治共同体は想像の産物に過ぎないにもかかわらず、国家権力が領土全域に及んでいる、というイメージの共有こそが、政治機構として当該国家を成立させている実態にほかならないことを説明しようとしました。簡潔に述べるならば、国家は国民に「実態である」と思い込まれることで成り立っている、という指摘です。

図11−1　アンダーソン
©福岡アジア文化賞委員会
（出典）https://fukuoka-prize.org/laureates/detail/7bde6f87-c557-4693-820f-4d8cd9f16e2d〈最終閲覧日：2025年1月10日〉

　アンダーソンによれば、近代国民国家が成立する以前は、宗教共同体と王国が社会の組織化のための役割を果たしていたとされます。宗教は信仰心によって、王国は政治権力によって、それぞれ人びとの心身を支配することで、「信者」や「領民」などの村落共同体を超える規模の集団やコミュニティを形成し維持していたことが、ヨーロッパの中世以前の歴史からうかがうことができます。

　国民とは、これらの旧来の政治システムが衰退するにつれて、近代以降に登場した新しい共同体となります。またこれを推進したのは、資本主義経済の成立と印刷を通じた情報技術の発展である、というのがアンダーソンの指摘です。具体的には、資本主義経済によって成長した「市民」階層は、教会勢力や王侯貴族など旧来の支配者層を打倒し、政治権力を自らの手中におさめました。これにより、近代市民社会の土台である、「国民主権」や「民主主義」が成立しました。

　また情報技術の発展によって、国民に同じ情報を素早く提供することが可能となり、それが「国民意識」の基盤となりました。現代社会においても、マスメディアなどの情報がなければ、われわれは国家の政治経済から、前述の「同じ国民」の活躍までを、知ることはできないでしょう。第五章で指摘したように、民主主義の基盤である、選挙における投票行動も、情報技術がなければ、そもそも誰が立候補しているのか、どんな政党があるのか、という基本的なこともわからないはずです。

国民国家とナショナリズム

　想像の共同体は、イギリスやフランスで市民革命が起こった時期に成立したことが、西欧近代史から確認できます。さらにアンダーソンは、一八世紀から一九世紀にかけて想像の共同体が基盤となって「国民国家（ネイションステート）」が誕生したことを指摘します。

　国民国家は、市民革命後の行政組織として形成されたものですが、その組織内部での交流を通じて構成員の間に共通の認識が生み出され、「同じ国民」という同朋意識が共有されるようになりました。こうした同朋意識は、一九世紀頃には国民を統合する原理としての「ナショナリズム」になって行きます。

　ナショナリズムには、さまざまな定義があり、一般に共有された定説はありません。また日本では、

「国家主義」や「国粋主義」などの訳語があてられることがありますが、これらは海外ではまったく共有されていない意味、内容となっています。このようななか、一定の支持を受けている定義として、チェコ系イギリス人の哲学者・社会人類学者アーネスト・ゲルナーによる「政治的な単位と文化的あるいは民族的な単位を一致させようとする思想や運動」（『民族とナショナリズム』岩波書店、二〇〇〇年）とするものがあげられます。

民族としての国民

ゲルナーの定義に対しては、「政治」を「文化」や「民族」の単位と一致させる、という点を納得できるか否かで、大きく意見が分かれるのではないでしょうか。ただ西欧近代における、国民国家の成立過程を見ると、なぜゲルナーの定義が支持を受けているか、比較的容易に理解できます。

まず国民国家の英訳である「ネイションステート（nation state）」は、「民族国家」とも訳すことができます。というのも、「ネイション（nation）」には、「国民」と同時に「民族」という意味があるからです。ここから、国民とは、民族と同一視されうる集団であり、それゆえにゲルナーの定義が成り立つことがわかります。

では、国民国家は、なぜ民族国家と同一視されているのでしょうか。それを理解するためには、国民国家が成立する以前の西欧社会の歴史を知る必要があります。意外に思われるかもしれませんが、市民革命によって国民国家が成立する前の西欧社会は、国家は民族を無視して区分され、境界が引かれていました。

実例として、神聖ローマ皇帝を独占したハプスブルク家という大貴族は、最盛期には現在のオーストリアを中心とするドイツ南部をはじめ、スイス、ポーランド南部、チェコ北部、ハンガリー、クロアチア、スロベニア、オランダ、イタリア南部、スペインなどの広大な領土を有していました。このため、ハプスブルク家の領土には、言語や習俗を異にする――「民族」と見なしうる――さまざまな人びとが暮らしていました。ただハプスブルク家にとって、それらの多様な人びとは、自らの支配領土に暮らす「領民」と、一律にまとめられる存在に過ぎませんでした。王侯貴族にとって、領民の言語や習俗は、領土支配を行う上で直接的な関心事ではなかったといえます。

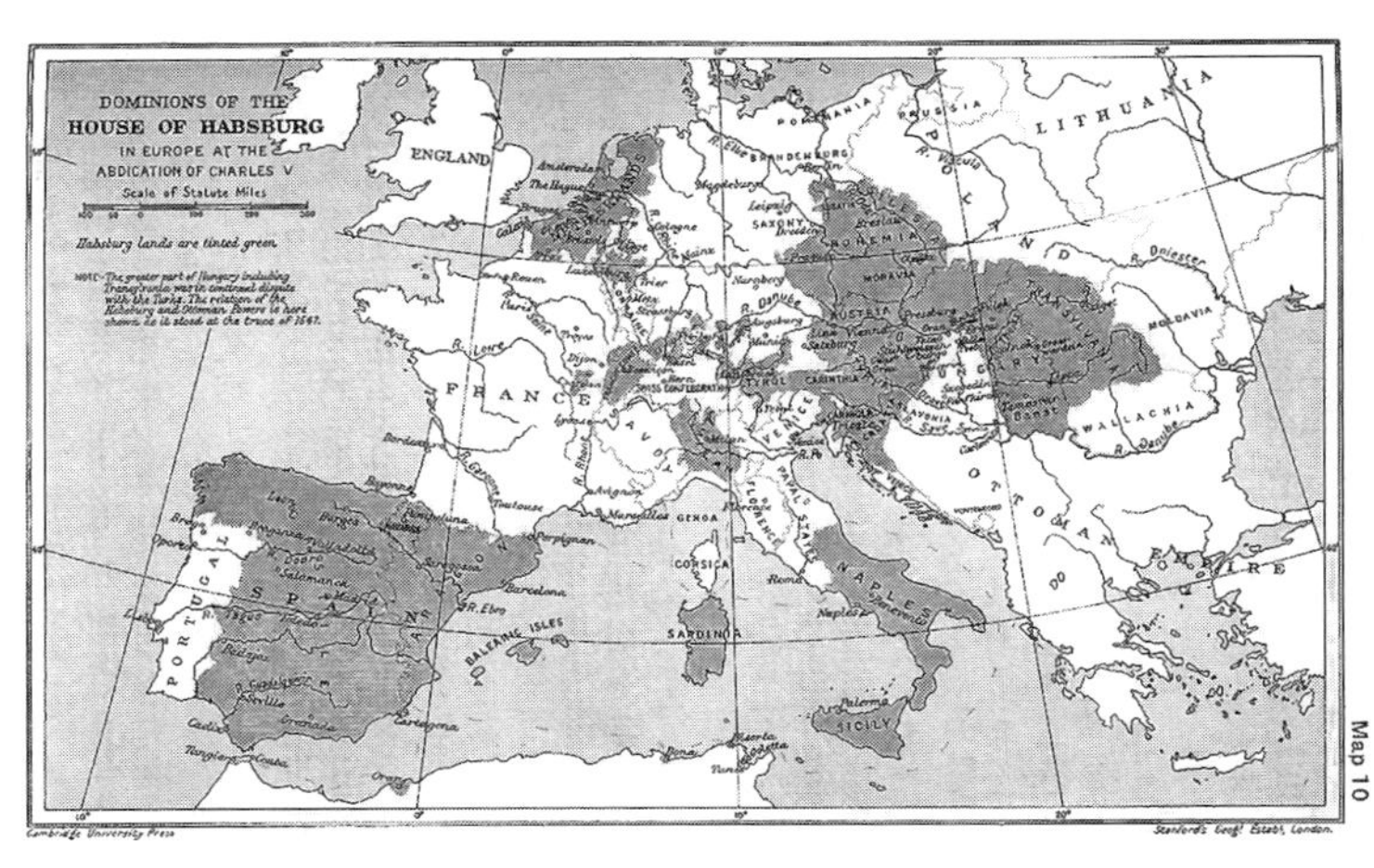

図11-2　ハプスブルグ家の領土

Habsburg Map / public domain

（出典）https://commons.wikimedia.org/wiki/File:Habsburg_Map_1547.jpg〈最終閲覧日：2025年１月10日〉

これに対して、市民革命によって王侯貴族の支配を脱した市民階層は、民族共同体を基盤にして近代国家を形成しました。またこの結果、国民とは、共通の言語を話し、伝統や習俗を共有し、また同じ宗教を信じる、「同一の民族」である、という意識が生まれたのです。したがって、ナショナリズムは、国家の領域内の住民を国民なる単位に統合するだけではなく、ひとつの民族が主権国家を成り立たせる、というイデオロギー（政治思想）でもあったのです。

民族国家の危険性

民族を単位とする国民国家のイデオロギーは、一九世紀以降も世界に浸透して行きました。第一次世界大戦末期には、アメリカ合衆国大統領T・ウッドロー・ウィルソンが、「民族自決」を原則とした平和を提唱しました。民族自決とは、各民族はそれぞれ政治的に独立し、自らの政府をつくる権利を有している、という政治原則です。この原則は、一部の例外を除き、当初は欧米の植民地とされた非西欧諸国には適応されませんでしたが、第二次大戦後には植民地からの解放、独立を実現する原動力となりました。

ところで、国民国家のイデオロギーは、必然的に「一民族一国家」や「単一民族国家」を志向するため、国内の民族的他者を異分子として排除する危険性が指摘できます。ただ人類史が証明しているように、社会の規模が大きくなるほどに、異なる人びととの交流や移動は避けられないものとなります。それゆえ、ある特定の一民族だけで、国家のような大規模の政治組織を成立することは不可能に近い、といっても過言ではありません。実際、グローバル化が進む現代社会において、単一の民族だけで国家が成り立っている事例などありません。

この結果、民族集団によって、国民のなかに多数派と少数派ができることになります。こうした理念と現実のギャップは、民主主義にも機能不全を引き起こします。というのは、多数決を基本原理とする民主主義においては、少数派となった民族の権利は自から獲得することができず、決定権が多数派に握られてしまうからです。多数決は、母集団が同質でなければ、決して平等な決定方法とはならないのです。

またそもそも、民族の違いは、国民国家のナショナリズムの大前提を崩す要因にほかなりません。さらには、言語をはじめとする文化の違いは、「同じ仲間」という意識が形成されにくいだけでなく、国家運営のコストを増やす要因などにもなります。たとえば、異なる複数の言語があった場合、教育や福祉などの行政サービスの提供一つとっても、コストの負担増となるでしょう。

こうした背景から、国民の主体となる多数派民族集団は、往々にして自分たちと同じ言語、習慣、価値観になるよう、少数派民族集団に「同化政策」を強要してきました。同化政策は、外見から内面に至るまで、多数派と同じ文化となるよう強制し、少数派の民族文化を徹底的に否定する傾向にあります。こうした傾向は、ヨーロッパ系移民が建国した国家における、先住民に対する事例がよく知られていますが、近代の日本でも、アイヌ民族や旧琉球王国の人びとに対して同化政策が行われ、当該集団の文化を否定し消滅を推進した過去があります。

同じ文化を共有する同じ民族が国民となるべき、という近代国民国家のナショナリズムは、同化政策のみならず、少数派民族の差別や排斥、さらにはジェノサイド（集団虐殺）さえも引き起こす要因にもなってきました。「同じ仲間」という民族意識は、想像の共同体を作り上げる反面、民族的他者に対する負の対応を起こすことも、決して見逃すべきではありません。

グローバル時代の社会

われわれ人間は、対面関係にない不特定多数とも「仲間意識」を共有できるからこそ、近代の国民国家のような大規模で複雑な社会の形成と運営を実現していました。こうした認知能力は、現生人類の遺伝的・生物学的な基盤に由来する可能性は高いものの、それを発現しているのは文化的要因にほかなりません。これまで本書で検討してきた事例と同じく、社会を拡大する認知能力もまた、遺伝と文化が表裏一体となったものといえます。

ところで、現代社会は、国家や民族をはじめとする既存の境界線を越えヒト、モノ、情報、資本が縦横無尽に行き来するグローバル化の渦中にあります。二一世紀を迎え、人類は、ついに国家を超える規模の社会の拡大に直面しています。そしてグローバル化には、これまでの拡大と決定的に異なる性格が一つ指摘できます。その性格とは、社会の拡大に人間の意志がほとんど関与していないことです。

近代の国民国家とは、アンダーソンが「想像の共同体」と表現したように、人間の意志が作り上げた産物でした。たとえそれが幻想であれ思い込みであれ、「同じ民族」だという意識が、国民国家の基盤となるナショナリズムを形成していました。またアメリカ合衆国をはじめとする多民族国家では、エスニシティの違いを超え「同じ国民」という帰属意識を作りあげることに腐心しています。

これに対して、今日のグローバル化は、人間の意識の有無にかかわらず、市場経済の原理と情報・輸送技術の革新によって実現、推進されています。実際、われわれは、仮に「グローバル社会の一員だ」と口ではいっても、国民のような帰属意識を抱いている人物などほとんどいないでしょう。もし世界中の人びとの多くが、グローバル社会の一員としての帰属意識を持っているならば、「グローバル市民」などの新たな統合のアイデンティティが形成され、国民国家の基盤であった「民族」に取って代わっているはずです。しかし、現実の世界は、地域間紛争やテロリズム、移民排斥や宗教弾圧など、民族をめぐる社会課題からまだまだ脱却できていません。むしろ、グローバル化の拡大が、こうした問題を引き起こし、激化させている要因となってもいます。

他方で、現代社会は、集団やコミュニティにかかわらなくても、生活を維持できる状況となっています。たとえば、集合マンションの住民は、わずか数センチの壁を隔てた隣人の顔を知ることなく、日々の暮らしを難なく過ごしています。つまり、物理的に隣接しているにもかかわらず、他者との関係性をほとんど構築することなく、社会生活を営んでいるのです。そのくせ、インターネットを介して、ＳＮＳなどで世界中の見知らぬ他人の情報を入手し、直接コミュニケーションを交わしたりもしています。こちらのケースは、先程の集合マンションとは逆に、物理的に対面関係にない他者と、感情を共有したり対立したりしています。
こうしたアンビバレントな生活を営む、グローバルヴィレッジの住民が、今後どのような社会やコミュニティを構築するのか、またそこに既存の文化や人間の意志がどのように関与するのか、まだ判然とはしていません。とはいえ、人類社会の新たな曲がり角が、ここにも一つあるようです。

参考文献

サイクス, R. W.『ネアンデルタール』筑摩書房、二〇二二年

第一二章　人類社会の行く末

人類社会の再考

現在われわれが過ごしている社会のあり方は、人類史を概観する限り、決してあたり前のものではなく、極めて新しいせいぜい二〇〇年程度の歴史に過ぎません。もちろん、文化のビッグバンや新石器革命などのターニングポイントを経て、その蓄積の上に現代社会の基盤となった「近代化（modernization）」が成立したことはいうまでもありません。そういった意味で、繰り返しの確認になりますが、人類は生物種として進化していないにもかかわらず、文化によって社会を変えてきたのです。

第一章で確認したように、文化は、常に変化して行く性格を有しています。このため、人類の社会は、常態的に変化のなかにあります。したがって、社会の転換や行き詰まりなどを、一般論的に現在進行形で語ることには、あまり意味がないように思います。というのも、過去を振り返った時に、日々の連続的で漸移的な変化のなかから、この時点のこの要因が転換や行き詰まりだった、と後から評価しているに過ぎないからです。さらには、転換や行き詰まりなどという評価も、あくまでも「大きな変化だった」や「既存のやり方が変わった」と現在から見て判断された相対的なものに過ぎません。

いっぽう、同じように社会問題も、ある時点で評価されたものといえます。どんな社会でも、どれほど上手く行っているように見えても、いつの時代もなんらかの問題を抱えています。またそうした問題は、社会ごと時代ごとの文化に応じて刻々と変わってきました。文化によって解決された問題もあれば、文化が引き起こした問題もあります。いずれにせよ、人間が文化を持ち、文化が変わり続ける限り、社会から問題がなくなることはないでしょう。

以上のことを考慮に入れ、本章では、現代社会が直面している諸問題を取り上げ、検討を行います。またその検討では、特に現代社会の基盤となった、グローバル化に至るまでの人類史上の文化的変遷に位置づけ、その背景を考察するなかから、人類社会ひいては人間そのもののあり方を改めて再考してみたいと思います。

解決課題としての環境問題

地球環境問題は、二一世紀の現在、個人から国家までが直面している、解決が急務の国際政治課題となっています。この問題が論じられる時、真っ先に取り上げられるのが地球温暖化といっても過言ではないでしょう。地球温暖化とは、地球表面の平均気温が上昇している状況をさします。ただ単に気温上昇が問題ではなく、それによって引き起こされる海水面上昇をはじめ、気象や生態系などの人類社会に負の影響を及ぼす環境変化が懸念されています。

地球温暖化は、人間の生産活動や近代的なライフスタイルが原因となって、二酸化炭素をはじめとする「温室効果ガス」が大気中に大量に放出されたため、地球全体の表面温度が上昇したと科学的に考えられています。これを裏づけるように、産業革命がはじまる前の一七五〇年頃に比べると、大気中の二酸化炭素濃度は、約四〇%も増加したと試算されています。

いっぽう、生物多様性の喪失も、温暖化と並び国際課題とされる地球環境問題の一つとされています。生物学者の多くは、直近の数十年間を通して生物多様性の低下が観察されており、「大量絶滅」が進行している、との懸念を表明しています。その実数は見解が分かれてはいますが、現在の絶滅の割合は、人類史上かつてなかったほど大きなものと見込まれています。いうまでもなく、この大量絶滅の原因は、森林伐採などの人類の環境破壊や過剰開発にあります。

生物多様性の喪失によって、どんな影響が引き起こされるか、実は科学的にも現時点でよくわかっていません。ただわれわれの生活、生存、生命は、食糧をはじめ生物由来の自然資源に多くをたよっていま

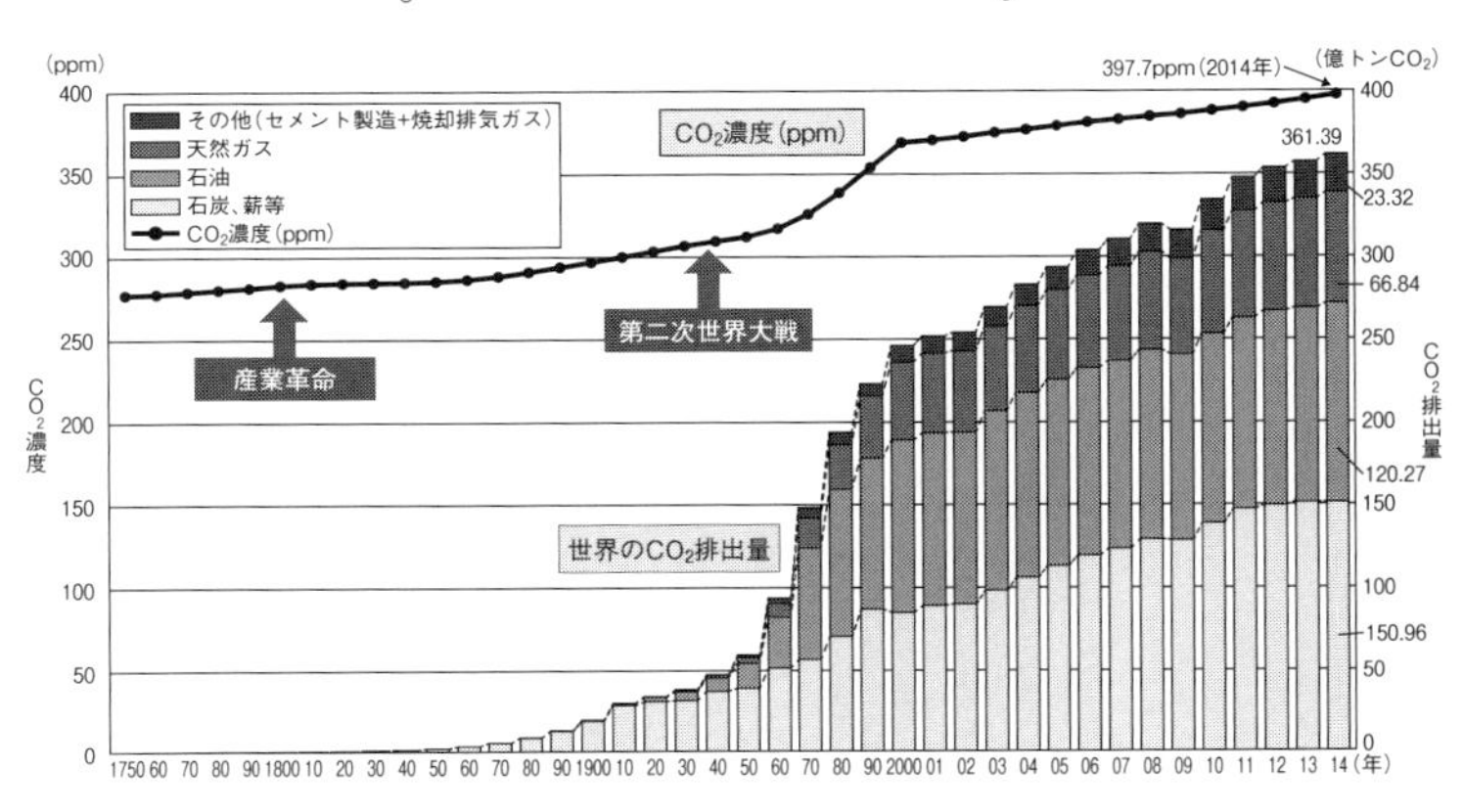

図12-1　温室効果ガスの増加推移

（出典）日本原子力文化財団「化石燃料等からのCO_2排出量と大気中のCO_2濃度の変化」https://www.ene100.jp/www/wp-content/uploads/zumen/2-1-3.pdf　を元に作図〈最終閲覧日：2025年1月10日〉

す。また多様性の喪失によって、生態系のバランスが崩れることで、感染症の原因となる細菌やウィルスが、急激に増殖する危険があります。生物多様性の喪失は、地球という惑星の生態系のバランスの上に成り立っている人類社会にとって、取り返しのつかない悪影響をまねく懸念がぬぐえません。

地球環境問題とはなにか

地球温暖化や生物多様性の喪失などは、われわれに多大な影響を及ぼしうる、極めて深刻な解決課題ということに疑いの余地はありません。では、なぜこれらは地球環境問題として、ひとまとめにされ国際政治の場で議論されているのでしょうか。地球環境問題ではない、類似の課題との比較検討を通して、このことを明らかにしたいと思います。

まず意外に思われるかもしれませんが、大地震、火山爆発、小惑星の衝突などは、地球環境問題に含まれません。というのも、これらは純粋な自然災害であり、自然環境に直接的な原因があるためです。地球環境問題とは、人口増加や経済活動など、人間の社会的・経済的活動が原因となっているものに限定されます。またたからこそ、解決のための議論が、国際政治の場で行う意義があります。逆にいえば、政治リーダーが集まって、どれだけ話し合ったところで、大地震、火山爆発、小惑星の衝突などは決して回避できません。

次に、「美しい環境」の保護や「豊かな自然」の保全も、地球環境問題ではありません。その理由は、ひとえに人間の生活、生存、生命に関わる問題ではないからです。どれだけ、人間中心主義だと批判されたとしても、自然環境の保護・保全そのものが目的ではなく、人間の生存や現代社会の持続が、地球環境問題の大前提にあります。

これに対し、公害は、人間の生産活動が原因ではありますが、地球環境問題とは違います。公害は、被害が及ぶ範囲が特定地域に限定されるだけではなく、地球環境問題と本質的に異なる点があります。その違いとは、被害者と加害者が循環しているか否かです。公害では、それら二つは基本的に異なっています。しかし、地球環境問題は、その原因となる近代文明や市場経済などで日々の暮らしを営む、世界中の全人類が加害者であり被害者となります。

出口なき袋小路

もっとも、世界には格差があり、近代文明や市場経済の恩恵は、平等に行き渡ってはいません。このため、一人ひとりの人間が、均等な比率で加害者と被害者となっている、とまでは決していえないでしょう。とはいえ、現代のわれわれは、誰しも近代文明や市場経済を手放せません。もしそれらを手放してしまうと、八〇億にまで膨れあがった人口を維持することなど到底できないからです。

「里山の暮らし」や「縄文人の知恵」などに学び、「自然と調和した暮らしを取り戻そう」などというスローガンを目にすることが時折ありますが、それらはノスタルジーに過ぎず、地球環境問題の解決には貢献しません。というのも、もし現在の八〇億の人口が、江戸時代や縄文時代のライフスタイルを行ったとしたら、地球の資源は瞬く間に消滅してしまうからです。

実際、江戸時代の人口は、最大で三四〇〇万人程度でしたが、江戸・上方・京の三大都市周辺は、灌木林のハゲ山が広がっていました。この理由は、日々の煮炊きや寒さをしのぐ暖をとるのに、薪炭を使っていたからにほかなりません。他方で、部分的に半栽培などもしていたとはいえ、狩猟採集に依拠していた縄文時代の生業を、二一世紀に暮らす全人類が行ったならば、地球上の食糧資源など一日ともたず枯渇してしまうでしょう。ちなみに、縄文時代の人口は、真偽は定かではありませんが、二六万という試算がだされています。

以上のように、その原因である近代文明や市場経済を手放しては、現在の人類社会が存続できない、というジレンマを地球環境問題は抱えています。また誤解を恐れずにいえば、地球環境問題の解決方法は、科学的にはとっくに提示されています。地球温暖化に関して、二酸化炭素を排出しなければ良いことは、今や世界の多くの人びとに周知されています。もっとも、それが実現できないのです。火力発電や化石燃料の使用を急にやめてしまうと、地球温暖化の解決前に、全世界に混乱が広がり、より深刻な危機に人類は直面するでしょう。

日々のあたり前の暮らしは、近代文明や市場経済によって実現され、それらなしでは今や人類社会は立ち行かないところまで来てしまっています。こうした背景が、対策がわかっているにもかかわらず、地球環境問題の解決を困難にしている、最大にして唯一の要因といっても過言ではありません。

このようなパラドックス的ともいえる現状は、近代以降になって突如としておちいったわけではありません。第二章から確認してきたように、人類は文化によって、自然環境に適応するだけでなく、自然環境そのものを自らの生存に適したように作り変えてきました。またその結果、人類は、文化と自然が一体となった環境を構築し、そのなか以外では生をつむいで行くことすらままならない、自己家畜化にまで進みました。実際、自らが生きて行くために必要なものを、自分だけで作り出している人間が、今日どれほど存在しているでしょうか。地球環境問題は、人類史の果てに行き着いた、出口のない袋小路のようにも思えます。

意思なき社会の拡大

地球環境問題は、現代世界のグローバル化と表裏一体になって拡大、深刻化している国際課題にほかなりません。というよりも、地球環境問題の解決を困難としているのも、グローバル化が原因といえます。もし一国や一地域の問題であれば、それぞれの国家や地域で解決できるかもしれませんが、政治的統合なきグローバル社会では、解決に向けた足並みをそろえることそのものが、非常に難しくなります。

ところで、社会のグローバル化を推進している要因は、本書でも随時指摘してきたように、市場経済の原理と科学技術の発展です。社会や共同体が資本や財産を共有し経済を管理、統制する、社会主義・共産主義国家のほとんどは、二〇世紀の終わりに、政治体制が崩壊するか、市場経済を取り入れ事実上消滅しました。この結果、現在の世界は、自由な商品・サービスの取引に基づく市場原理に経済がゆだねられ、企業から個人までが国家や地域の枠組みを超えた経済活動を行っています。またこうした経済活動を実現しているのが、繰り返し確認してきたように、情報技術や輸送・移動技術の革新にほかなりません。

以上のように、人類社会は、二一世紀に至り、市場原理と技術革新によって、地域、国家、民族、言語などの既存の物理的・文化的境界を超えた一体化に向かっています。ただ前章でも指摘したように、現代のグローバル社会は、その形成に人間の積極的な意志はほとんど介在していません。むしろ、グローバル化は、より利益をあげたい、より安く良いもが欲しい、より高い収入を得たい、より良い暮らしがしたい、といった人間の欲望によって、意図せず推し進められているといえます。

グローバル社会の深化

では、グローバル化によって、現代社会に暮らすわれわれは、求める欲望を満たし幸福を得ることができているのでしょうか。残念ながら、その回答は、否定的なものにならざるをえません。というのも、グローバル化は、世界中で格差を生み出し、それを拡大するとともに、さまざまな問題を引き起こしているからです。

コストの削減を目指す企業は、安い人件費を求め、途上国に進出し生産を行っています。これに伴い、立場の弱い女性や子どもが、劣悪な環境下での長時間、低賃金労働に酷使されていることが国際問題になっています。なおこうした労働搾取は、かつてはプランテーション農業などでの単純労働が中心でしたが、現在は技術革新によって縫製業などにも拡大しています。技術革新は、産業革命以来、誰しもを替えのきく労働者としてきましたが、グローバル化はその波を、途上国の最末端の人びとにも及ぼしています。

いっぽう、途上国での労働搾取によって、先進国や新興国などに暮らす人びとは、安くて良い商品やサービスが大量に流入し、それらを容易に入手できるようになりました。ただその結果として、当該社会の人びとは、産業の空洞化によって、労働機会の減少をまねき、賃金上昇の抑制や雇用の喪失に直面することになりました。消費者としての利益は、被雇用者としての不利益となって、自分自身にはね返っているのです。

くわえて、グローバル化で得られた富は、企業の経営者などの極一部に集中し、格差をどんどん押し広げています。その理由は、複合的な要因が重なったものですが、雇用が途上国に流れ、先進国の中間所得層が減少したことが小さくありません。このように、グローバル化は、「豊かな先進国」と「貧しい途上国」という単純な図式を組み替え、世界全体の富を総取りする極々少数と、富を奪われる圧倒的多数に分断しつつあります。グローバリズムの中核であるアメリカ合衆国では、二〇二〇年代には上位一％の富裕層に国内の総資産の三割が集中し、逆に下位五〇％の人びとはたった二％の富を分け合っているに過ぎない、という衝撃的な格差が報告されています。

ただアメリカの格差は、国内政治の問題であるため、必ずしも解消ができないわけではありません。しかし、多国籍企業のコントロールは、複数の国家が協力しなければ実現できません。なによりも、グローバル社会は、政治統合がないため、世界全体の格差の解消は極めて困難といえるでしょう。

増え続ける無駄な仕事

グローバル化は、富の格差の拡大とともに、副産物として無駄な仕事を生み出している、という指摘があります。この背景には、技術革新によって労働の効率化や簡易化が進み、誰でも簡単にさまざまな生産に従事できるようになるとともに、国際分業や移民労働によってより安い雇用賃金で生産できるようになった結果、富める先進国の住民は一次産業や二次産業などに従事する必要が低下し、生活し生きて行くために必要な仕事がどんどんなくなってきている、という要因があります。このため、先進国では、住民が仕事を確保して収入を得るために、社会にとって必要のない無駄な労働が増えることになります。

アメリカの社会人類学者デヴィッド・グレーバーは、こうした先進国の無意味な仕事の存在とその社会的有害性を分析し、「ブルシットジョブ（bullshit jobs）」と名づけました（『ブルシット・ジョブ』岩波書店、二〇二〇年）。グレーバーによれば、被雇用者本人でさえ、その存在を正当化しがたいほど完璧に無意味で、不必要で、有害な雇用であるにもかかわらず、そうではないと取り繕わなければならないと本人も感じている仕事、とブルシットジョブを定義しています。

図12－2　グレーバー

David Graeber Ⓒ Guido van Nispen / CC-BY-2.0

（出典）https://commons.wikimedia.org/wiki/File:David_Graeber_2015-03-07_(16741093492)_(cropped).jpg〈最終閲覧日：2025年1月10日〉

イギリスの経済学者ジョン・M・ケインズは、一九三〇年に「百年後、一日に三時間働けば十分に生きていける社会がやってくるだろう」という発言をしました。現状を見る限り、この予言は、表面的には実現していません。とはいえ、ケインズの予測は、実現できないわけではありません。というのも、社会を営んでいくために必要な仕事（エッセンシャルワーク）の多くは、既に一日三時間も働けば十分にまかなえる可能性があるからです。

しかし、近代社会では、多くの場合、労働の質や結果よりも、量や時間に賃金を支払う仕組みとなっています。またもし早く短い時間で、目的とする作業を達成できたならば、余った時間でより一層多くの利益を追求することが求められます。ちなみに、狩猟採集民の平均労働時間は、一日二～三時間程度という観察データが、民族誌調査から得られています。ケインズの発言は、実は予言などではなく、その時点でも人類はとっくに三時間労働を実現できていたのです。人類史は、少なくとも生存にとって、なんの価値も意味もないブルシットジョブを、現在まで延々と増やし続けてきた、と見なすこともできそうです。

ブルシットジョブの暴走

もっとも、生存にとって価値や意味がなくとも、それらが人間や社会にとって、必ずしも無意味とは限りません。心の安らぎをもたらす信仰や宗教、楽しみを与える芸術や娯楽など、生存には直接貢献しなくても、人間や社会に必要な文化実践は数多くあり、それらに関与する仕事の価値や意味は、決して小さくはありません。

むしろ、人類史は、生きるためだけの活動から解放されることによって、良きにせよ悪しきにせよ現在のような社会を作り上げてきたといえます。また無駄か否かは、それこそ文化相対主義を持ち出すまでもなく、個人の価値観までを含め、どの視点に立つかによって変わってくるでしょう。コロナパンデミックの際、ある著名な俳優が舞台あいさつで、「お芝居は、不急ではないが、不要ではない」と述べていました。生存以外の活動を生み出し、それに価値を与えてきたものこそ、人類の文化といっても過言ではありません。

とはいえ、グレーバーが指摘するブルシットジョブには、ある種の社会的な有害性が含まれています。その大きな原因の一つに、グローバル化を引き起こした、市場原理と技術革新をあげることができます。

具体的な事例で説明すると、まず技術革新によって、ある生産活動の作業効率が上がり、これまで一〇人で行っていた仕事が、五人でできるようになったとしましょう。この結果、もし一〇人が同じ仕事を続けると、市場の需要が二倍に増えない限り、過剰供給となってしまい、その生産活動が生み出す商品やサービスの価値（価格）は、単純に半分になってしまいます。労働生産性を高めたはずなのに、逆に一人あたりの利益が下がってしまう、という矛盾した状況となります。

この状況を改善するために、不要となった残り半分の五人は、別の仕事を行って、新しい利益をあげることが求められます。これが上手く行けば、新たな需要や雇用が生み出されたことなり、経済的には成功とされます。現代社会の富は、このようなプロセスを経た結果、ほとんどが生存に直接貢献しない活動によって生み出されています。実際、われわれの収入の多くは、必ずしも生きるために必要のないことに、消費されているのではないでしょうか。

ところで、新たな価値の創出には、資源枯渇という問題を引き起こすことが指摘できます。どのような実態や性格のものであれ、人類が行う活動には、多かれ少なかれ資源が必要になります。たとえば、暇つぶしに眺めるＳＮＳのコンテンツでさえ、その提供のためには、電力をはじめ、さまざまな天然・社会・人的資源が必要となります。新しい食品開発などになると、その食材供給から、加工や輸送、広告宣伝や店舗販売などに、膨大な資源が費やされることが想像できるでしょう。

このように、現代社会のグローバル化を推し進める市場原理と技術革新は、「無駄な仕事」を増加させるため、地球環境に多大な負荷をかける要因となっています。こうした現象もまた、地球環境問題を含めたグローバル化が引き起こす負の側面といえるでしょう。

文化摩擦としての反グローバリズム

現代社会における個人から国家は、グローバル化によって既存のあり方を根本的に組み替えられ、少なからず負の影響を被っています。このような状況に対して、世界中で反グローバリズムの声が高まっています。もっとも、その主張は、地球環境問題、途上国での労働搾取、国内産業の保護、格差の是正など多岐にわたり、統一された思想的背景はありません。

ただ反グローバリズムには、自分たちの意思決定が届かない、市場原理と技術革新という得体の知れないものによって、自らの命運を左右されていることに対する強烈な不満が、根底に共有されています。実際、国家は、グローバル経済をほとんどコントロールできず、現在のところ後追いの対処で手一杯です。民主主義の手を離れたグローバル経済を、誰がどのように管理し制御するか、これは現代社会が直面する最重要の課題の一つといえます。

グローバリズムに対する反発には、個別文化を顧みない、均質的な制度や価値の一方的な押しつけも、大きな要因にあげられます。グローバル化は、市場経済の力が最も強いアメリカが中核となって推進されているため、アメリカ的な価値観と社会システムがスタンダードとなり、結果的にそれらを受け入れ従属することにつながります。一例として、グローバル化の進展によって、二〇世紀後半以降、英語の使用が急速に拡大しました。こうしたことから、グローバル化は、「アメリカナイゼーション（Americanization）」とも言い換えられる、文化的価値の多様性の喪失と一元化を伴う、「文化的世界支配戦略」とも見なされることがあります。

こうしたアメリカ的な価値観や社会制度への文化の一元化は、世界のさまざまなところで摩擦や対立を引き起こす要因となっています。アメリカの政治学者で企業経営者でもあるイアン・ブレマーは、グローバリズムがもたらすネガティブな影響として、雇用がなくなり経済的基盤が脅かされる事から生じる「経済的不安」と、国境を超えた人の移動が自由になり、自分たちのコミュニティに違う異質な人たちが入ってくることで、自らが暮らしている環境が変わってしまう「文化的不安」があることを指摘しています（『対立の世紀』日本経済新聞出版、二〇一八年）。

とりわけ、文化的不安は、インターネットに代表される情報技術の発展によって、無数の「想像の共同体」が生み出され、それらの衝突がグローバル化のなかで激化する今日、現実の対立や摩擦につながり、ついには戦争やテロを引き起こす危険性を抱えています。その他にも、文化的不安は、自国第一の保護主義、移民排斥やマイノリティ差別などを掲げる、ポピュリズム政治の台頭をゆるし、容易に排外・排他主義に傾く可能性があります。世界の文化的一元化を進めるグローバリズムが、個別文化の反発によって排外・排他主義を招く、という皮肉な矛盾がここにも指摘できます。

パンドラの箱のなか

文化を持った人間は、他の生物と決定的に異なり、遺伝的能力や自然環境の制約を超え、地球上のほとんどの地域に進出し、それぞれの地で暮らしを営んできました。また文化は、人間の日々の生活の営みだけでなく、価値観やメンタリティ、さらには認知すらも変え、極めて多様な社会を生み出してきました。その果てに、社会の拡大と複雑化を実現し、二十一世紀の今日グローバル化を押し進めています。

しかし、グローバリズムは、人類社会にさまざまな問題を引き起こし、負の影響を及ぼす要因ともなっています。そのなかには、一個人はいうまでもなく、国家でさえも解決できないのではないか、とも思える問題も少なからず含まれています。他方で、文化が最もリアルに感じられる瞬間は、残念ながら、互いの違いをめぐって摩擦や対立が表面化する時ともいえます。グローバル化は、異なる文化と文化の接触、交流の機会を増やすことからも、自他の文化の違いを先鋭的に感じさせ、摩擦や対立の切っ掛けとなります。これこそグローバリズムが問題を引き起こす、要因あるいはメカニズムの一つといえるものです。

ところで、戦争やテロ、差別や迫害、宗教対立や経済格差など、過去から現在まで人類が直面し、数多くの悲劇を生んできた問題の多くは、「人間同士の対立」が基盤となっています。またそうした対立は、意見や価値観の相違をめぐる「文化の対立」と見なすことができます。だからこそ、本書のはじめから指摘してきたように、人類社会の問題は、自然科学のみでは解決しえないのです。

いっぽう、上記の諸問題は、すべて人間自身が引き起こしているものばかりです。とすると、他の誰にたよる必要もなく、それらの問題は、人間が自らの手で解決できるはずです。実際、戦争やテロは、人が人に暴力を振るわなければ、差別や迫害は、人が人を尊重しさえすれば、決して単なる理想論ではなく、事実として簡単に解消します。それを阻んでいる要因こそが、人間の認知や行動のバイアスとなる、文化という色眼鏡にほかなりません。

ただ文化は、問題を引き起こし、解決を阻む要因となる反面、同時に問題解決にとって不可欠な要因ともなりえます。そういった意味で、文化は、パンドラの箱のなかの災厄でもあり、唯一の希望でもあるといえます。いずれにせよ、文化を無視して、人間そのものを理解することも、人類社会の諸問題を解決することも、到底できはしないでしょう。

おわりに：ヒューマニティの意義

もし「文化を学ぶ意義とはなにか」と問われたら、どのように答えられるでしょうか。おそらく、個々人の知識や経験、教養や価値観によって一人ひとり違う、さまざまな回答がよせられるかと思います。またそれらの答えに対して、一概に正否や優劣をつけることも意味はないでしょう。ただこの問いに対し、本書なりの回答を追究してきました。本書で一貫して追い求めたことそれは、人間の理解も、人類社会の考察も、文化を知り学ぶことなしには行えない、という観点にほかなりません。

人間の認知や行動は、他の生物にとって制約となる、遺伝的能力や自然環境のみに規定されているわけではなく、文化が不可欠な要因となっています。言い換えるならば、われわれは、文化を得ることによって、はじめて考え振る舞うことができているのです。こうした人間の性質があるからこそ、人類社会もまた、必然的に文化なしでは成り立たないのです。

以上を考慮する限り、自然科学のみでは、人間を理解することも、また人類社会を考察することも、不十分である、との結論を導くことができます。人類学が自然科学から人文社会学にわたっている理由が、まさに文化なしには、人間や人類社会の探究を行いえないからにほかなりません。またそれゆえ、本書のはじめでも指摘したように、社会の諸問題の解決には、人文社会学系の視点や考察が不可欠となります。本書は、この至極当然でありながらも、一般に見過ごされている事実を明らかにしてきた、といっても過言ではありません。

話が脇にそれますが、事の真偽は定かでないものの、かつてどこかの国の教育科学行政をつかさどる省庁が、国立大学における「文系（学部）不要論」を出したそうです。ですが、前述の通り、自然科学の研究だけを推進したとしても、人間の不合理が引き起こす社会課題は、到底解決できません。人文社会学系の研究は、決して無用ではなく、むしろ社会にとって必要不可欠なものなのです。そういった意味でも、人文社会学系の人類学的研究は、純粋な知的探究のみならず、社会課題の解決に資する実利的意義を有してもいます。

ただし、本書は、自然科学の批判や否定を目指したわけではありません。そうではなく、本書の主眼は、自然科学との相互補完によって、人間や人類社会を追究することにあります。人間の理解にとって、文化が不可欠なように、遺伝的能力や自然環境も、等しく必要不可欠な要因となります。だからこそ、自然科学のみでは、人間の理解が不十分なように、人文社会学のみでも不十分なことも、同様に認識しなければなりません。

文化人類学を含め人文社会学系の分野のなかには、近代科学の批判を積極的、主体的に目的としている傾向が少なからずうかがわれます。その理由は、研究分野ごとに異なり、一概にまとめることはできませんが、科学を絶対視しない批判精神、また科学の影響力が極めて強い近代社会に対する批判、警鐘などがあげられます。

こうした考え方は、近代社会のあり方を絶対視せず、相対化し、異なる新たな可能性を追究しようとする、「ポストモダン（Postmodern）」や「ポストモダニズム（Postmodernism）」などと総称される思想に呼応したものです。本書にも、たぶんにこの思想に則った内容が含まれています。わたし個人としても、ポストモダン思想そのものの姿勢や方向性には、基本的には賛同し、その意義を大いに認めています。

しかし同時に、行き過ぎたポストモダン思想に対しては、危惧を感じてもいます。無批判に科学を信じ過ぎることも問題ですが、「科学なんて信じなくてもいい」、「科学以外の知識も好きなように自由に信じればいい」となってしまうと、現代社会はたちまち混乱してしまうでしょう。どれほど西欧近代中心主義との批判を受けたとしても、科学に代わって信仰心や政治思想を、個人の信条から集団の文化を超えた合意形成に用いることは、現時点では極めて難しいからです。

また科学的データの恣意的な解釈を、放置することも危険です。というのも、都合の悪いデータには歪曲を加え、都合の良いデータのみ誇大に宣伝することは、専制政治や市場独占を生み出しかねないため、常に注意を払っておく必要があるからです。地球温暖化に対する懐疑論やホロコースト（ユダヤ人虐殺）の否定論など、偽科学やフェイクニュースなどが、インターネットを中心に流布、増殖しており、国際的にも無視できない問題となっています。

このような時代状況だからこそ、自然科学のデータや成果を読み解き、有効に活用するためにも、人文社会学系の考え方や視点の重要性が改めて認識されています。実際、環境問題に取り組んでいる少なくない数の自然科学系の研究者が、文化の重要性を深く理解し、積極的に自らの研究実践や社会実装に導入しています。また自然（生物学的）人類学でも、人種の虚構性などの文化がバイアスになる事例はいうまでもなく、自らの研究が社会において人種差別などに悪用される危険性にも注意を払うようになっています。

いっぽう、文化（社会）人類学は、自然科学に対して一定の距離をとり、その知見を積極的に取り入れることにも留意する傾向にありました。この理由は、社会進化論に寄与した過去の反省、西欧近代社会に対する批判や相対化、などといった学説史的背景があり、自然科学のような真理や普遍性を追究することに極めて慎重であったためです。ただこうした姿勢は、個別の社会や集団の限定的なテーマに自らの研究を押し込め、本来の目的であった文化による人類そのものの理解を抑制する要因となってきました。さらには、一時的にではありますが、過度なまでにポストモダン思想に傾倒する潮流もまねきました。

以上のような反省もあり、文化（社会）人類学においても、単なる批判にとどまらず、自然科学の知見を取り入れようとする研究展開が、二〇〇〇年代以降積極的に推進されるようになりました。また徐々にではありますが、文化（社会）人類学者の手による、人類史や文明論の研究も行われるようになってきました。人間や人類社会の理解にとって、文化が必要不可欠な要因であることを考慮すると、望ましい方向性であることはいうまでもありません。

二一世紀の今日、文化を理解することは、ますます重要になっています。グローバリズムの進展によって、異なる文化と接触、交流する機会が、好むと好まざるとにかかわらず、日常的に求められるようになっています。またそれ以上に、異文化に対する偏見や排除は、差別、戦争、対立、迫害などを引き起こす原因となり、人類に大きな過ちをもたらしてきました。

地球上のさまざまな地域や社会の文化を知ること、言葉や習慣などを学び習得すること、これらはグローバル化が進む現代社会において、必要とされる素養であることに間違いはありません。とはいえ、ただ「異文化を知る」だけでは、不十分であり、むしろ危険が伴います。というのも、異文化に対する表面的で浅薄な知識は、相互の不理解や不干渉をまねく、間違った文化相対主義の切っ掛けになりかねないからです。

今求められているのは、異文化を持つ他者に対して、うわべだけの知識にとどまらず、相手の思考や行為のロジック（原理）を踏まえ、互いに理解しようとする姿勢や努力にほかなりません。そのためには、自文化を知り理解することが不可欠であり、自文化を絶対視しない相対化の視点が必須となります。自文化を、異文化の「合わせ鏡」とすることが、真の相互理解への一歩となるでしょう。

むろん、文化の理解は、自他の文化をめぐる人間の対立や摩擦などの解消のみに、意義がとどまるものではありません。本書を通してしめしてきたように、文化は、人間が引き起こす社会問題に不可分に介在し、ゆえにその解決にも不可欠な要因となります。文化なしに人間が理解できないように、社会にかかわる問題は、文化を避けて理解も解決できないことを、決して忘れるべきではありません。いずれにせよ、人間が文化を持つ生物である限り、人文社会学系の研究意義は、今後も大きくなることはあっても、決してなくなることはないでしょう。

あとがき

「教科書を書いてみませんか?」という思いがけない申し出を、臨川書店の西之原一貴さんよりいただいたことが、本書を執筆した切っ掛けです。過去に単著や編著を数冊出版してきたものの、出版社の方から企画をいただいたのは、今回がはじめての経験でした。

過分な依頼をふたつ返事で受けた後、本書をどんな内容にすべきか、色々と考えました。西之原さんからは、当初、文化人類学か現代社会をテーマとした概説書や入門書などはどうか、とのご提案を受けました。現在担当している授業科目が、文化人類学のみならず人類学的研究を教育する専門課程ではないため、文化人類学の学びを中心に現代社会を再考する内容にしよう、と比較的すぐに大筋が決まりました。

ちなみに、わたし自身は、文化人類学者を標榜しているわけではなく、あくまでも自らの人類学的研究の一部に民族誌研究を位置づけているに過ぎません。また文化人類学の専門課程を学んだわけでもなく、大学院の修士課程までは、むしろ考古学(先史人類学)を主体とする研究を行っていました。とはいえ、研究教育歴を振り返ると、圧倒的に文化人類学の関連分野で占められていて、それ以外の分野で研究の機会を得たことも、教育を行ったことも、幸か不幸かありません。

このような経歴を考えた時、どのような著作もそうですが、通り一遍なものではなく、わたしの教育研究経験をできるだけ活かした、自分にしか執筆できない内容にすべきと考えました。このため、本書は、文化人類学の概説や入門というよりは、文化を軸に人間や人類社会を追究する内容に、必然的になりました。

いっぽう、これも個人的な話になるのですが、現在の職に就く前、わたしは、文理の学問分野が連携して地球環境問題を研究する機関に所属していました。またこうした経緯もあり、現在まで一貫して、文理にまたがる異分野連携型の研究プロジェクトに、なんらかの形でかかわってきました。この経験は、非常に幸運だったと感じています。というのも、自然科学を含む異分野の専門家と交流するなかで、自分一人では考えもつかないような、対象やテーマに取り組む機会を得ることができたからです。それらの経験は、本書のなかにも、随所に活かされています。

さらに本書には、これまで教育実践のなかで、わたしが積み重ねてきた試行錯誤の経験が反映されています。前述したように、文化人類学をはじめ人類学の専門教育に携わっていないため、わたしが行ってきた授業は、文化を軸に人間や人類社会を学び考える意義とはなにかを、さまざまな興味関心を抱く学生たちに問うものとなっています。こうした授業経験は、人類学という学問が、なにを明らかにし、どんな貢献を社会に果たしうるのか、といった問いを自問自答する機会となりました。とともに、時折受講生から思わぬ質問を受け、たびたび自らの研究を見直すこともありました。

以上のように、本書は、わたしの研究教育の遍歴が礎になって生み出されたものです。それゆえ、本書が刊行できたのも、これまで研究や教育で関係した人びととの交流の賜物にほかなりません。また繰り返しにはなりますが、本書の執筆において、数多くの貴重なコメントやアドバイスよって出版まで導いていただいた、西之原一貴さんには改めて深く感謝を申し上げます。著者としての自己満足に過ぎませんが、文末ではありますが感謝の想いを記させていただきます。

本書の評価は、ひとえに読者にゆだねるしかありません。ただ本書を手に取り、一読することによって、人間や人類社会のあり方を再考するとともに、人類学に少しでも関心を抱いていただけたのであれば、著者としてこれ以上にない喜びです。

補記

本書は、日本学術振興会（JSPS）科学研究費19H05735「民族誌調査に基づくニッチ構築メカニズムの解明」、19H05731「出ユーラシアの統合的人類史学：文明創出メカニズムの解明」、24H02198「民族誌研究による認知世界の拡張メカニズムの解明」、24H02195「マテリアマインド：物心共創人類史学の構築」の助成に基づく研究成果の一部として出版されました。

二〇二四年一二月　師走を迎えた京都にて

大西　秀之

大西秀之（おおにし　ひでゆき）
専門は人類学、政治生態学。
同志社女子大学・現代社会学部・教授。

〈略歴〉

奈良県生
北海道大学大学院文学研究科単位満了退学
博士（文学）・総合研究大学院大学
人間文化研究機構総合地球環境学研究所上級研究員、同志社女子大学現代社会学部准教授などを経て現職。

〈主な著作〉

『東アジア内海世界の交流史―周縁地域における社会制度の形成』（共編著）、人文書院、2008 年
『トビニタイ文化からのアイヌ文化史』（単著）、同成社、2009 年
『技術と身体の民族誌―フィリピン・ルソン島山地民社会に息づく民俗工芸』（単著）、昭和堂、2014 年
『環境問題を解く―ひらかれた協働研究のすすめ』（共編著）、かもがわ出版、2021 年
『モノ・コト・コトバの人類史―総合人類学の探究』（編著）、雄山閣、2022 年など。

リシンキング・ヒューマンズ
文化で読む人間科学

二〇二五年四月三〇日　初版発行

著　者　大西秀之
発行者　片岡　敦
印刷製本　亜細亜印刷株式会社

発行所　株式会社　臨川書店
606-8204　京都市左京区田中下柳町八番地
電話(〇七五)七二一-七一一一
郵便振替　〇一〇七〇-二-八〇〇

落丁本・乱丁本はお取替えいたします
定価はカバーに表示してあります

ISBN 978-4-653-04589-2　C0036